ひとが集まる！テナントリノベ

全国に繁盛かき氷屋を創った
デザイン&リノベーションのヒミツ

ひだまり不動産取締役
空き家リノベーター

内海芳美
（うっちゃん）

こんにちは。著者の内海芳美です。
親しい人たちからは「うっちゃん」と呼ばれています。
香川県に住むふつうの主婦だった私が夫と二人で開業した
『ひだまり不動産』は、もうすぐ17年目を迎えます。

これまで、多くの中古物件をリノベーションで変身させ
"不動産" を通じた理想の暮らしや生き方のお手伝いをしてきました。
地方都市に埋もれる磨けば光る原石物件の目利きには自信があります。

本書に詰め込んだ、ひだまり不動産の体験談と具体例をもとに
不動産の持つ楽しさや可能性を感じる人が増えることで
地方都市に埋もれる原石たちが掘り出されることを期待しています。

不動産はただの"箱"じゃない。アイデアひとつで活気が溢れる。

これまでに団地1棟から戸建てまで400室の不動産賃貸・売買、リノベーション工事、30件以上の新規開業支援など、不動産を軸に幅広い事業をしてきました。幅広いあまり、香川と神奈川の自社物件でかき氷店まで営んでいます。

経験ゼロから始めた、このかき氷店経営でしたが、もともと不動産で培っていた"集客""ブランディング""立地"などの経験と知識をフル活用した結果、テレビや雑誌にも取り上げられ話題となり、行列ができる大繁盛店となりました。

今では、岡山・岐阜・石川（金沢）でのプロデュースを含め全国5箇所で展開するまでになっています。そしてかき氷店を始めた全てのアパートと近隣には活気が溢れています。これは、アイデアが人を呼んだ最近の例となりました。

やりたいことを実現する"場"をつくる。それが不動産の本当の役目。

このような多種多様な経験から、不動産会社を訪れる借主さんが求めるものは単純な"箱"としてのカワイイ部屋・オシャレな家ではないと感じるようになりました。借主さんが本当に求めているのは"自分にとっての理想の暮らし"ひいては"自分らしい生き方"なのだと思います。

そうなってくると、従来の不動産の役割を超えていかなければ、必要とされる不動産会社とは言えません。これからは一歩進んで建物という"箱"の提供だけでなく、テナントを通じた街づくりやコミュニティなど"場"の提供を意識し、地域の活性化にもつなげていく必要があるのです。

多様化する価値観の中で増えていく移住者。
必要とされるのは"魅力的なコミュニティ"と"住む場所"。

地方都市の人口減少は続いているものの、若い人たちを中心に"価値観"が大きく変化していると感じます。

地方移住が話題となったのは2011年の東日本大震災の時でした。その後2017年頃からテレワークやリモートワークが注目され始めたのを機に、大手企業がワーケーションを導入。地方の認知度向上や移住者増加による地方格差問題の改善が期待され、地方自治体が誘致をおこない始めました。同時期にノマドワークなどの言葉も耳にするようになりました。住む場所の選び方や、働き方に対する価値観は変わりました。さらには、新型コロナウイルス感染症の流行によるリモートワークの推進などを受け、働き方はより多様化しています。

場所にとらわれない働き方が誰にでも可能となることで、これまで以上に"好きな場所で自由に暮らしたいと思う人"が増えてきました。しかし、移住者は不安も抱えています。

移住のきっかけや動機

「仕事上の関係」「緑に囲まれた場所で暮らしたい」
「子育てのため」「趣味などを満喫したい」
「自然が豊かで食べ物がおいしい」

移住先を決めた理由

「気候が安定している」「自然の豊かさがある」
「ゆかりがある」「買い物など、生活がしやすい」
「働く場所がある」

＼移住者の持つポテンシャル／

　移住者はユニークな人が多いと感じます。まあ移住してこようというくらい行動力があるワケだから当然といえば当然ですよね。

　移住の際、定職がないと賃貸物件は中々借りられません。でもひだまり不動産では、一通りヒアリングをして「この人なら」と、思えた時には移住の時に無職でも「OK」を出しています。

こっそり情報！移住用お試し住宅こっそりあります。
さぬき市アパート　月10,000円など！

移住に際しての不安　　「仕事、金銭面の不安」「人間関係への不安」「家探しへの不安」

　この不安を解決できれば、移住者だけではなく、地方に住む人々の安心に繋がります。私たちひだまり不動産が既におこなっている、新規事業へのサポート・コミュニティスペースの設置・リノベーション物件の賃貸や販売なども不動産らしい解決方法です。

ひだまり不動産が目指すのは "課題解決型不動産"
地域の人々を巻き込んで、生き方そのものをリノベーションしたい。

　ひだまり不動産は、『欲しかった暮らしを叶える』というミッションを掲げています。
物件も人も社会も様々な問題を抱えていますが、不動産で解決できることが沢山あります。空き家問題も、人口流出も、人手不足も、高齢化も。社会や生き方そのものをリノベーションしていくアイデアはいつも渋滞中で、動き出すタイミングを常に待っている状態です。

　人が集うと、新しいことや面白い繋がりが生まれます。アイデア実現のためにも、不動産を通して才能やセンスあふれる人たちと繋がり、共に支え合い、成長し、みんなが笑顔になれる場を広げていきたいと思っています。

＼恐れずに、トライ＆エラー／

　新しいアイデアを実現しようとする時…、例えば、不動産事業を始める時も、かき氷店を始める時も、いくつかのトラブルを想定するものの、毎回必ず想像を超えたトラブルに見舞われます。

　もちろん、ショックを受けますし、落ち込みます。でもここで諦めずにやりとげ、次に活かす事で、最終的にはノウハウとなっていきます。本当のノウハウとは、自分で経験して乗り越えることで培っていくものだと実感します。

　ちょっと新しい視点で取り組んだ不動産事業の経験をおすそわけ。
　「不動産への新しい視点や価値観を見つけるきっかけ」になることを願っています。

　　　　　　　　　　　　　　　　　　　　　　　　　　　　内海芳美

こんな人に役立つ本です

□ 不動産や建物に関わる
　新規事業で悩んでいる方

▶▶▶ Answer
1章

□ 新店舗やフランチャイズを
　検討している方

▶▶▶ Answer
2章

□ 持ち物件で斬新な
　リノベーションをして
　集客したい方

▶▶▶ Answer
3章

□ ボロ空き家や相続した空地を
　お金を産む資産に変えたい方

▶▶▶ Answer
1章　Answer
3章

□ 地方再興・地域活性を
　考えている方

▶▶▶ Answer
1章　Answer
4章

Contents

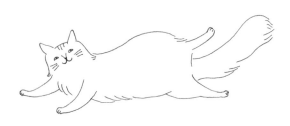

プロローグ

▶▶▶▶▶▶▶▶▶▶▶▶▶▶▶▶▶▶

誰にでも可能性はある。
フツーの主婦が起業して業界人
「香川のうっちゃん」を浸透させた
ひだまり不動産ヒストリー。

なんだって一緒、成功するかどうかは
愛と情熱をどれだけ持ち続けられるか！

ひだまり不動産ヒストリー

日々の積み重ねが濃密すぎて、たったの17年？って感じます。
いつ死んでも悔いがないほど、家族一丸となって突き進んできました。
理由は無いけど、不動産が好きで好きで大好きです！

　四国の高松にある、ファミリー企業『ひだまり不動産』。

　『ひだまり不動産』は、古くて見捨てられたような物件を買取り、「リノベーション」によってオシャレによみがえらせ、住居やお店として賃貸する業務を行っています。

　個人投資家からスタートしたこともあり、仲介ではなく、自社物件にこだわっているので、物件所有者と顧客の間で利益相反に悩まされることもなく、自分たちらしい不動産経営を続けられています。

　不動産や建築とは無縁の業界からの参入でしたが、あっという間に創業17年目を迎えました。今や高松のお店や建物、あちらこちらに『ひだまり不動産』の看板がついています。

　さらには、仕事の内容も規模も広がり、住宅リノベーションだけではなくコンバージョンを伴うテナントの開業プロデュース、大規模な建物1棟再生や地域活性化事業まで手掛けるようになりました。

　本章では、そんな私とひだまり不動産の、これまでのヒストリーをご紹介します。

▶▶▶ マイホーム住みかえながら4つの物件を所有する大家に

結婚を機に、独身時代にコツコツと溜めた貯金でマイホームを現金購入。しかし、育児と仕事の都合で引っ越すことになりました。その際、最初のマイホームへの愛着から「売りたくない。貸すことにしよう」と判断。

振り返れば、このマイホームが私たちの賃貸物件第1号でした。

1 もし住宅ローンが残っていたらそう簡単にはいかなかったかも…

1号物件
ローンなし、現金購入したマイホームを賃貸物件に。

2 ＼「家賃」の力に気付く！／

30年ローンで購入した2回目のマイホームを1号物件からの収益の力を借りて6年で完済。

3 ローンの無い賃貸用物件の家が3件あれば働かなくて済むのでは…

2号物件
賃貸用の家を増やす目的で2回目のマイホームを賃貸用の2号物件に。

4 有名投資家さんが命名「ヤドカリ投資」！

3号物件・4号物件
2号物件と同様の方法で賃貸物件を増やす。

経験を積んだ今では効率的とはいえない投資方法です。
それでも、この経験が今に繋がっています。

▶▶▶ 競売へのチャレンジ事前リサーチでリスク軽減

5号物件は、当時住んでいたマンションの別室。初めての競売で取得した物件です。競売の場合、内見などはできないのですが、自分が住んでいるマンションなら話は別です。顔見知りの管理人さんに、競売に出ているお部屋の情報をリサーチ。入居者にも問題なく退去してもらえそうだと判断、入札を決定しました。実際、落札後のトラブルはありませんでした。

競売って何？
　ローンが返済できなくなった時に、裁判所の権限で担保となっている不動産を差押え、強制的に競りによって売却、その売却代金を債権の回収に充てる手続きのことです。競売は強制なので、債務者・所有者の意思は一切考慮反映されませんし、売却価格も相場より低くなります。情報は裁判所のつくった「評価書」のみなので、慣れないうちはリスクもあります。

秘話：働くこと、稼ぐ楽しさに目覚めた高校一年の夏休み

　私が初めて働いたのは、高校1年の夏休みです。今でいう居酒屋でのアルバイトで、当時の時給は300円でした。夏休みの宿題も勉強もそっちのけで40日間ぶっ続けで働き、初めて貰ったアルバイト料は10万円になりました。今の価値だと3倍の30万円くらいでしょうか。

　働く事、稼ぐことが楽しすぎて、夏休みが終わってもアルバイトは続けました。高校卒業後、就職。そこでも貯金を続けました。不動産を始めるきっかけとして貯めた貯金の存在は大きかったと痛感します。やりたいことのため、やりたいことがみつかった時のために、資金の準備は今から始めましょう！

▶▶▶ 1棟アパート投資にシフト。

次に、初めての1棟マンションにチャレンジしました。近所にあった4階建てのマンションが手の届きそうな金額で売りに出されていたのです。

以前から「こんな物件が欲しい」と思っていたマンションだったので、すぐに銀行に相談に行き、フルローンでの融資が決まりました。

初めての1棟マンションで少し不安もありましたが、夫婦2人でならやれると決断しました。

▶▶▶ 自分にあった物件を購入していくことが、リノベーション事業につながっていく。

一棟マンションにチャレンジしてみて気付いたのですが、住みかえながら物件を増やしていく手法よりも、ずっと効率的。地方高利回りの中古アパート一棟を購入する方が私には合っていると、この時に感じました。

オーナーチェンジなど、購入後何もしなくても家賃が入る物件もありますが、私が買う物件の多くは「建物がボロイ」「全部空室」といった一般的には嫌われる物件です。誰も見向きしない、手のかかる物件だからこそ、安く買える可能性を秘めています。

市場価格より安く買った物件をリフォームし、適正家賃で賃貸する。この流れを何度か経験したことは、後の「リノベーション」事業へとつながっていきます。

▶▶▶ トラブルを経験して学んだ入居者審査の大切さ

世の中、良いことばかりではありません。初めての一棟マンションで初めての入居者トラブルを経験しました。又貸しや滞納、夜逃げなど、数々のトラブルに見舞われたことで、入居者審査の大切さを学びました。

入居希望者との面談で気を付けているポイント

本人情報を開示しない。

ひだまり不動産では、最初にお電話をいただいた場合でも必ずFAX、またはメールを送ってもらうようにしています。

その際「必ずお名前、お電話番号をお書き添えの上、ご連絡ください」とお願いしているにも関わらず本名を書いていなかったり、「お勤め先を教えてください」と伝えたのに正確な情報を書いてくれない場合があり、そんな時は要注意だと思っています。

相性が合わない。

相性の問題はどうしようもありません。

人にはそれぞれ性格や価値観がありますから。

私の場合は「努力はしたけれどどうにも相性が良くないな」という時はお互いのために後ずさりします。

「ひだまり不動産」開業

▶▶▶ **資産管理会社を経て『ひだまり不動産』をスタート！**

2005 年の年末に会社員を辞め、専業大家として資産管理会社をつくりました。

専業大家になって 1 年が経った頃、夫も勤めていた会社を早期退職。夫婦で不動産業者になることを決意しました。

主人に宅地建物取引士の資格をとってもらい、私が事務所として使っていたアパートの 1 室を登録事務所にしました。2006 年、ついに『ひだまり不動産』の誕生です。

何が仕事につながるか分からない！

自分の所有しているアパートの空室を事務所にしました。その際には知人に教えてもらいながら、床を貼ったり壁を塗ったりと DIY にも挑戦。その様子をブログにアップしたところ、当時はまだネット情報が少なかったこともあり、好評でアクセス数も増えました。

これが後に東京で開く「リノベ塾」に発展したのですから、何がご縁を呼ぶかわかりません。

『ひだまり不動産』という社名の名付け親は、デザイン会社の社長。

このデザイン会社にはブランディングの大切さを教わりました。

現在の家族経営メンバー

自分も含めて、生まれ持った性質は変えられないから補い合うしかないと思います。でも、だからこそ、今があります。普通の家族だけど、誰一人欠けてもここまで至れなかったなと感じます。家族の理解と助けがあれば、やろうと思えば何だってできる！

ひろさん

数字に強く、数字が大好き
番頭的存在（血液型：B 型）

西岡司

ここまで来れたのは間違いなく
彼の存在があったから
（血液型：A 型）

西岡綾乃

スタッフの人望が厚い
几帳面で優しい長女
（血液型：B 型）

家族がいたから
ここまでこれた！

うっちゃん

マイケル取締役

誰にもなつかない
ひだまり不動産のアイドル。
14 歳。

亜紀

魂でつながってる（と思ってる）
唯一無二の存在の次女。外部秘書。
（血液型：O 型）

▶▶▶ 「貸す」と「売る」の違い。「リノベーション」の力で人気物件に

こうしてスタートした「ひだまり不動産」の記念すべき初物件は、主人の退職金で購入した2軒の木造戸建です。この自社で買い取った2軒をリノベーションして販売する仕事「買取再販」に着手しました。

ここで考えないといけないことは「貸す」ではなく「売る」ためのリフォームの在り方です。

<table>
<tr><td colspan="2" align="center">「借りる人」の意識</td><td colspan="2" align="center">「買う人」の意識</td></tr>
<tr><td>●</td><td>条件に合わなくなれば引っ越せる</td><td>●</td><td>簡単に引っ越せない</td></tr>
<tr><td>●</td><td>今、住みたい家を選ぶ</td><td>●</td><td>できるだけ長く住みたい</td></tr>
<tr><td>●</td><td>自分の所有物ではない　など</td><td>●</td><td>自分の所有物になる　など</td></tr>
</table>

「買う人」にとって、人生をかけた買い物です。決して安くはない物件を購入する決断をしてもらうためには、高い完成度が必要です。けれども、普通にキレイにリフォームするだけの業者は他にもたくさんあり、「ひだまり不動産」らしさを差別化することができません。

賃貸物件の客付けについて思うこと

個人が入居者募集中の物件を探す際、不動産業者頼みになります。自分の物件の良し悪しを一番知っているのは不動産業者…つまり、ひだまり不動産の場合は自分自身です。物件の魅力も今ひとつな点もちゃんと伝えていきたいと思います。そして目標は自社物件は自社で客付けすることです。

▶▶▶ 解決のためにデザイナーを機用

そこで、内装が得意なデザイナーを探し、協力を仰ぎました。振り返ると、このデザイナーさん達との出会いが、買取再販事業で成功できた大きな要因でした。

「センス」が必要とされるリノベーション。完成した物件を目にして、あまりのお洒落さ、完成度の高さに本当に驚き、デザイナーの手腕に感動しました。当時はまだ珍しかった造作の洗面台や、壁付けのアンティークな照明、無垢の床など、古い物件の良さを生かしながらセンス良くまとめる手腕は、さすがプロとしかいいようがありません。そして「すごい！これは絶対に売れる！」と確信しました。

実際、販売がはじまると、2軒とも最初に見た方が即決してくれてスムーズに売却が決まりました。デザインを取り入れたことが功を奏したと思います。

この最初の成功（自分なりの）のお陰で、買取再販が事業として成り立つとわかり、本当に嬉しく心の底からほっとしたのを覚えています。

デザイン性に加え、今は、耐震・耐熱の
リノベーション工事をしています。

広がる、ひだまりメンバーシップ

　色んな業種、たくさんの人たちと連携・協業することで、私たち『ひだまり不動産』だけではできないことが実現していきます。それに、外部との連携だけではなく、テナントさんに商品開発を助けてもらったり、コラボレーションしたりもしています。人との出会いの多い不動産業。お互いの強みを活かして、もっと面白いことをつくっていきたいです。

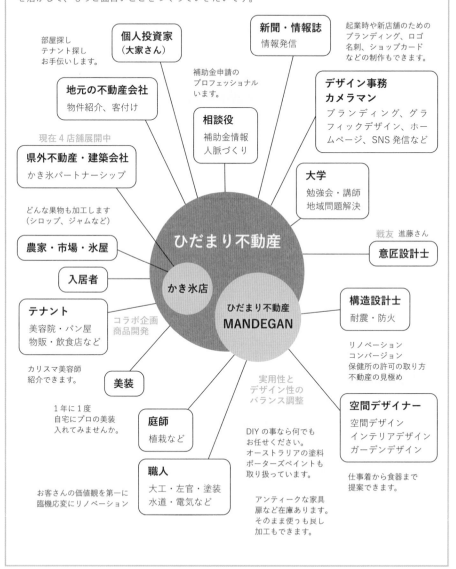

部屋探し
テナント探し
お手伝いします。

**個人投資家
（大家さん）**

新聞・情報誌
情報発信

起業時や新店舗のための
ブランディング、ロゴ
名刺、ショップカード
などの制作もできます。

補助金申請の
プロフェッショナル
います。

地元の不動産会社
物件紹介、客付け

相談役
補助金情報
人脈づくり

**デザイン事務
カメラマン**
ブランディング、グラ
フィックデザイン、ホー
ムページ、SNS発信など

現在4店舗展開中

県外不動産・建築会社
かき氷パートナーシップ

大学
勉強会・講師
地域問題解決

どんな果物も加工します
（シロップ、ジャムなど）

戦友 進藤さん

農家・市場・氷屋

ひだまり不動産

意匠設計士

入居者

かき氷店

**ひだまり不動産
MANDEGAN**

構造設計士
耐震・防火

テナント
美容院・パン屋
物販・飲食店など

コラボ企画
商品開発

リノベーション
コンバージョン
保健所の許可の取り方
不動産の見極め

カリスマ美容師
紹介できます。

美装

実用性と
デザイン性の
バランス調整

空間デザイナー
空間デザイン
インテリアデザイン
ガーデンデザイン

1年に1度
自宅にプロの美装
入れてみませんか。

庭師
植栽など

DIYの事なら何でも
お任せください。
オーストラリアの塗料
ポーターズペイントも
取り扱っています。

仕事着から食器まで
提案できます。

職人
大工・左官・塗装
水道・電気など

お客さんの価値観を第一に
臨機応変にリノベーション

アンティークな家具
扉など在庫あります。
そのまま使っても良し
加工もできます。

進化が止まらない、ひだまり不動産 "17年間" のお仕事年表

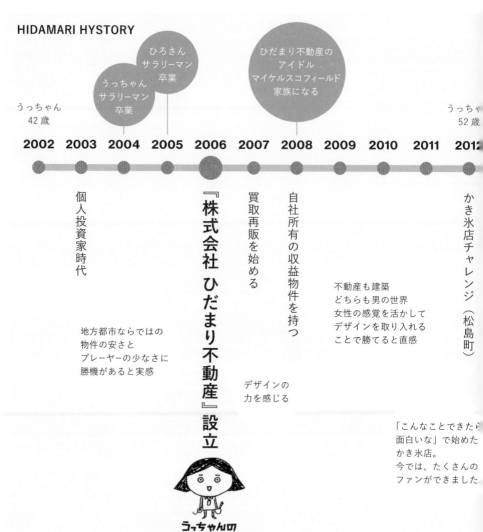

HIDAMARI HYSTORY

うっちゃん
42歳

うっちゃん
52歳

うっちゃん
サラリーマン
卒業

ひろさん
サラリーマン
卒業

ひだまり不動産の
アイドル
マイケルスコフィールド
家族になる

2002　2003　2004　2005　2006　2007　2008　2009　2010　2011　2012

個人投資家時代

地方都市ならではの
物件の安さと
プレーヤーの少なさに
勝機があると実感

『株式会社 ひだまり不動産』設立

買取再販を始める

デザインの
力を感じる

自社所有の収益物件を持つ

不動産も建築
どちらも男の世界
女性の感覚を活かして
デザインを取り入れる
ことで勝てると直感

かき氷店チャレンジ （松島町）

「こんなことできたら
面白いな」で始めた
かき氷店。
今では、たくさんの
ファンができました

うっちゃんの
ひだまり不動産

　経験したことがない事業では、想像を超える難題が後から後から出てきます。ワクワクもす
るし、成長するチャンスです。問題が起きたときには、あらゆる手段を駆使して解決しなくて
はなりません。調べて、考えて、人に相談して。試行錯誤を繰り返し、ようやく成功できた
時の喜びは何物にも代えられません。

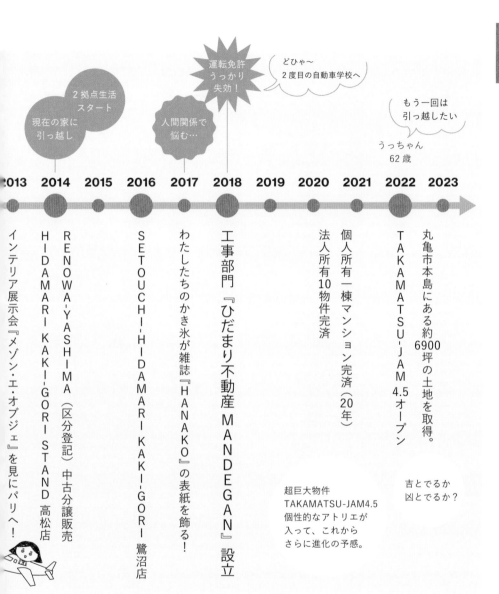

運転免許
うっかり
失効！

どひゃ〜
2度目の自動車学校へ

2拠点生活
スタート

現在の家に
引っ越し

人間関係で
悩む…

もう一回は
引っ越したい

うっちゃん
62歳

2013　2014　2015　2016　2017　2018　2019　2020　2021　2022　2023

インテリア展示会『メゾン・エ・オブジェ』を見にパリへ！

HIDAMARI KAKI-GORI STAND 高松店

RENOWA-YASHIMA（区分登記）中古分譲販売

SETOUCHI-HIDAMARI KAKI-GORI 鷺沼店

わたしたちのかき氷が雑誌『HANAKO』の表紙を飾る！

工事部門『ひだまり不動産 MANDEGAN』設立

法人所有10物件完済

個人所有一棟マンション完済（20年）

TAKAMATSU-JAM 4.5 オープン

丸亀市本島にある約6900坪の土地を取得。

超巨大物件
TAKAMATSU-JAM4.5
個性的なアトリエが
入って、これから
さらに進化の予感。

吉とでるか
凶とでるか？

　一つ一つ小さな成功体験を積み重ね、経験と知識、人とのつながり、資金力などが育ってきた時に、新たなステージに挑戦するチャンスが巡ってきます。その繰り返しで一歩一歩進んで、ここまできたように思います。

第 1 章

▶▶▶▶▶▶▶▶▶▶▶

難しい物件もアイデア次第。
価値転換で何倍もうまくいく。

「普通はできない」を「できる」に変える。
それも"ひだまり不動産らしいやり方"でね！
うしし。

ひだまり不動産の想い。

すでに流行っていることはやりたくない！
他の人の成功例をマネしたくない！
他の人に真似できない「ひだまり不動産らしさ」を大切にしたい！
そう思って仕事に向き合っています。

メンバーの思うひだまり不動産らしさとは？

デザインが入ってカッチョイイ！
のは当たり前！
プラスαわくわくすることを
考えていること！　うっちゃん

少数精鋭だからこその
ブレない価値観の共有
じゅんちゃん

アンティークな家具や古材を
上手く使っての、新旧が
織りなす融合性と調和性
じゅんちゃん

カワイイそして美味しい
にっしー

どうすれば繁盛するか、
面白いかカワイイかあれこれ
考えて住む人や働く人だけで
なく、自分たちも主体となり
一緒に楽しむ。

外部の植栽をふくめた
トータルコーディネート
じゅんちゃん

既製品には頼らない
＝オリジナルの造作物が多い
＝他とは被らないデザイン性
じゅんちゃん

だからこそ、共感を生み
面白い空間が生まれてくる
にっしー

女性が好む華奢でカワイイ
かつシンプルさ
じゅんちゃん

大切にしていることは何ですか？

小さな会社だから
可能なことがある。
選んでもらえる価値の
ある会社になりたい。
うっちゃん

まずは諦めない。
無理も無茶もやってみないと
分からない。
にっしー

やれないことはない。
まず、やることが大事
じゅんちゃん

日々感謝　じゅんちゃん

職人さん、業者さんとの
信頼関係を大事に
じゅんちゃん

施主はもちろん、近隣住民
への配慮を怠らない
じゅんちゃん

よく言われることは?

いちいちオシャレでカワイイ
にっしー

関わっている人が
みんな楽しそうにしている
じゅんちゃん

こだわりがスゴイ
じゅんちゃん

何屋さんですか?
にっしー

やっぱり他とは魅せ方が違う
考えることが違う
じゅんちゃん

次は何ができるんですか?
にっしー

オシャレな場所だなって思ったら
ここもひだまり不動産だった!
うっちゃん

ひだまり不動産の やること やらないこと

**不動産から最適の方法で
最大の収入を
得る方法を考える**

既存のやり方にしばられず「もっとこんなことができるかも」「こんなニーズがあるかも」など、所持した不動産の潜在価値を探します。

堀り出し物探し

みんなが買わないものにこそ可能性があると思っています。

**古い物件の良さを生かした
リノベーションの提案と施工**

古い物件がせっかく持っている個性を全て塗り替えてしまうのはもったいないと思います。
物件も、物件の周辺環境も、ストーリーも、できる限り生かして再生させたいと考えています。

仲介業はやらない

売主・買主の間を取り持ち調整するのが仲介業です。
『売主』『仲介業』『買主』それぞれの言い分があり、関係当事者が多くなるほど、まとまりにくくなります。
ひだまり不動産の目指すリノベーション・暮らしの提案のためにもやらないと決めています。

**自社でなくても
できることはやらない**

ひだまり不動産が関わらなくてもいいことは引き受けません。頼む方にとっても、自分たちにとってもプラスではないと感じるからです。
例えば"設備を取り換えるだけ"みたいな場合は、その業務のプロにお願いした方が効率的だと思います。

相見積りはやらない

01 TAKAMATSU JAM 4.5
高松ジャム 4.5

香川県高松市高松町 2175-33 ｜ アパート ｜ 住居・テナント ｜ 構造 - 鉄筋コンクリート造 4 階建て ｜ 部屋数 -25 ｜ 築年数 -S46 ｜
基本設計 -BE-FUN DESIGN 松本悠介 ｜ デザイン - 高橋 めぐみ・西岡司 ｜ website - Instagram @takamatsujam4.5

昭和の独身寮を、作り手さんの集まるアトリエに大改造した話。

山も海もほど近い恵まれた環境にありながら、何年も眠っていたレトロな独身寮。

試行錯誤、四苦八苦しつつも、ひだまり不動産のリノベーションによって、人々の集うクリエイティブスペースに生まれ変わりました。

「得意を生かして喜ばれたい」「自分を表現したい」など、時間・場所・アイディアをもっと自由に共有できる居場所があれば、個々の夢がカタチになり、街はもっと面白くなるはず！

▶▶▶ 独特なつくりの超大型物件

10年近くも放置されていた建物で、公売によって入手しました。公売とは国や地方自治体、官公庁などの公的機関が資産売却の際に行う競売のようなものです。

落札したものの、物件がとても大きく、再生するにはかなりの資金が必要です。しかも、元が独身寮なので食堂や大浴場などがある独特の造り。その上、一車線の道路を回り込むように入ってこないとたどり着けません。これを賃貸物件として採算が合うプランにするのは難題でした。

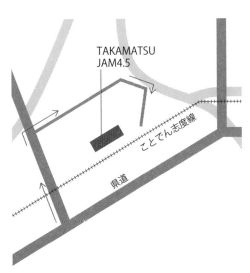

TAKAMATSU
JAM4.5

ことでん志度線

県道

この物件は2棟が連なる構造で、ファミリー棟と独身棟に分かれています。ファミリー棟はそのまま賃貸住宅として活用できるものの、元独身寮の部分は現代の生活スタイルには適しておらず、賃貸住宅への転用が難しいと判明しました。

独身棟は昔ながらの下宿スタイルで、水回りのない4.5畳の個室が廊下を挟んでずらりと左右に並ぶレイアウト。2階と3階に6部屋ずつ、4階に21部屋、合計63部屋あります。

入居者やテナント数など、規模が大きくなるとそれに比例し、全体を取りまとめていく作業の難易度は高くなります。

▶▶▶ 賃貸物件としての問題点

規模、資金、構造、立地など、賃貸物件としての問題点を整理すると…

問題点1	問題点2	問題点3
物件がとても大きい ＝多くの資金が必要になる	水回りのない4.5畳の 個室が時代に合っていない	街の中心から離れていて、 アクセス方法も良くない

▶▶▶ 解決にむけて、まずはアイデア会議

　賃貸物件にできない独身寮をどうやって活用するのか…。メンバーとアイデアを出し合い、現実と照らし合わせていきます。幸い家族経営ならではの強みで、目的も利害も一致しています。

　ちなみに、問題点3の利便性については、車移動が一般的な香川県であれば、大きめの駐車場と案内手段を用意すれば解決できると判断しました。

下宿の造りを生かして『シェアハウス』は？

家賃の安い高松でシェアハウスは成り立たないかも…

あえてシェアハウスに住む意味があるとしたら？

利便性やコミュニティかな

高松市中心部から外れていて利便性は、いまひとつかも。

コミュニティができてもコアとなる人が抜けた後に歯車が壊れてしまうかも…

▶▶▶ アイデア降臨！シェアハウスではなく『シェアアトリエ』に！

　試行錯誤の結果、いきついたのが "モノづくりをする人たちのシェアアトリエとして活用する" というプランです。アトリエなら、各部屋に水回りがなくても大丈夫ですし、4.5畳でも成り立ちます。また、コンセプトに沿った人たちを募集することで、取りまとめや運営もしやすくなります。

＼ さらに生まれるアイデアも ／

共有できるDIYの工房があるといいね　▶　せとうち ひだまり図工室 の構想へ

食堂の厨房はみんなで使えるようにしたら？　▶　シェアキッチン の構想へ

打ち合わせができるカフェスペースも欲しい　▶　共有カフェベース の構想へ

▶▶▶ **アイデアを深めて、価値をみつけだす**

シェアアトリエとして "クリエイティブな活動を共有" するための場を提供すべく、アイデアを深めていきます。

土地や建物が余っている地方都市だからこそ "しっかりとしたコンセプト" "独自の価値" を持っていないと、社会に気付いてもらうことができず、埋もれてしまいます。

> **シェアアトリエの価値**
>
> ● 自宅とアトリエ、オンオフの切り替えができ、集中できる創作活動の場を提供できる
>
> ● 他の入居者からの刺激でモチベーションも UP、クリエイティブな仲間との交流は楽しい
>
> ● 情報交換や道具の貸し借りをしたり、時にはお互いの仕事を手伝ったりなど、相乗効果も期待できる

▶▶▶ **資金面の解決は再構築補助金の活用で**

独身寮部分はシェアアトリエにする方向性で決定し、できるところから工事を進めていきました。ですが、なにしろ総工費1億円近い工事のために資金繰りも簡単ではありません。そんな中、申請していた『事業再構築補助金』の交付が決定したのです。その知らせを聞いた時には、嬉しくて飛び上がって喜びました。

よくお金は経済の血液に例えられますが、リノベーション工事においても同様です。この補助金のおかげで、停滞していた工事が急ピッチで動きだし、見捨てられ朽ちそうだった建物が生き生きとよみがえりました。

どのタイミングで大きな資金が必要になるのか、事業計画とともに資金計画も立てておくと安心です。せっかく順調に進むはずの事業が資金不足によって停滞してしまうのはもったいないですよね。

なお、この『事業再構築補助金』は不動産賃貸業では通りにくいそうなのですが、コンセプトや伝え方を工夫したお陰で、採択に至りました。私たちには分からないことだらけでした。受給できたのは、中小企業診断士の先生のアドバイスのおかげです。詳しくは『第5章 あきらめる前に調べよう。補助金・助成金のしくみ。』（p131〜）にありますので、気になる方はご一読ください。

＼ **補助金の信用力** ／

実は私、以前は補助金という存在にあまり良いイメージを持っていませんでした。「税金を使って自分の事業をするのってどうなの？」と感じていたからです。

それが、銀行に融資の相談に行って気付かされました。補助金事業とは社会的信用につながるものなのです。

理由としては、補助金には必ず審査があるので、「補助金採択」＝「しっかりした事業計画がある」として受け取ってもらえるのです。

▶▶▶ 引き渡しはスケルトン状態で

アトリエとしての利用ということで、スケルトン状態でのお引渡しにしました。賃貸住宅ですとそういう訳にはいきませんが、アトリエ利用の場合、その方がお互いにメリットがあると考えました。

入居者にとっては、自分が好きなように思いのままの内装に仕上げられます。照明やコンセントの位置、床面の素材や壁の色も、やりたいことに合わせて自由に計画できます。ひだまり不動産側にとっては、内装工事を入居者がおこなってくれるのでコストダウンができ、その分家賃を安く設定できます。

入居者が、内装をDIYする場合は、併設のDIY工房やひだまり不動産の建築チームがサポート。DIYが難しければ施工の外注も可能です。

そんな感じで、前項にあげた3つの問題点はひとまず解決しました。

問題点1 資金の問題	▶	・補助金を活用する ・アトリエの内装工事を入居者に任せる	解決
問題点2 利用法の問題	▶	・アトリエとして活用する ・コンセプトの明確化をおこなう	解決
問題点3 利便性の問題	▶	・隣接地を駐車スペースとして確保する （地方都市の移動は車がほとんど）	解決

▶▶▶ 地方での賃貸アトリエ成功のカギは、家賃設定

　事業再構築補助金を受給できたおかげで、アトリエの家賃をかなり安く設定することができました。東京など大都市とは違い地方はスペースに余裕があるので、本来は賃貸アトリエの需要が難しいのです。

　TAKAMATSU-JAM4.5で賃貸アトリエが成立しているのは、建物の魅力やコンセプトへの共感はあるにせよ、やはり "家賃の割安感" という点が大きいと思います。

入居希望者の気持ちの動き

当然ここで
価値＝金額
価値＞金額
と、入居希望者に
感じてもらえないと
「借りよう！」とは
なりませんよね。

▶▶▶ コンセプトからブレない

　実は、"ものづくり" と全く関係ない業種、例えば物販やエステなどからのお問い合わせもいただいたのですが、申し訳ないと思いつつお断りいたしました。そうでないとコンセプトがぶれてしまうからです。

　TAKAMATSU-JAM4.5 のコンセプトを表現した図をデザイン事務所が作ってくれました（右図）。コンセプトが視覚化することは、自分自身を含め、社員全員がブレないためにも大切だと思いました。

TAKAMATSU-JAM4.5 プロジェクト図

　2階3階のアトリエは、最終的には部屋数としては11室。1つは共用スペースとして空けてあり、イベントや展示で使用する予定です。2つ借りてくれている会社もあるので、テナントは全部で10軒です。

　集客は全てホームページから。これは他の物件でも同じなのですが、なぜかその物件にピタっとハマる人たちが集まってきます。感度の高い人は、波長の合う物件を見つける能力にも長けているのでしょう。

TAKAMATSU-JAM4.5 の 2階 3階の部屋割り

1	2	3	♥♥	4	5	6
7	8		9	10	11	12

2階

	♥♥	
共有スペース		13

3階

▶▶▶ **まずは『ひだまりチーム』の入居が決定、牽引役に**

　まだ補助金事業に含まれない第一期工事中、この物件に一番最初に入ることになったのは、ひだまり不動産の建築部門『ひだまり不動産 MANDEGAN』の事務所と、建築資材置き場・作業場です。どちらも、これまで必要性を感じていながら作れていなかったものでした。

　この建築事務所の内装工事をしているうちに、独身寮部分をアトリエにするプランが決まりました。すると、一緒に仕事をしていた内装屋さんと塗装屋さんが「それなら、うちも借りますよ！」と手を挙げてくれたのです。「せっかくなら、デザイナーのセンスも借りてかっこよくやりましょうよ！」と話がまとまりました。

　具体的にテナントが決まることで、TAKAMATSU-JAM4.5の全体像がはっきり見えたのだと感じます。

---

knot-mana（川下インテリア）

内装には心を豊かにする力がある。
心からいいと思えるものを届ける場へ。

Q：なぜここを借りようと思いましたか？
TAKAMATSU-JAM4.5の環境であれば、インテリアについて、沢山の人に身近に感じてもらえるようになるのではないかと思いました。川下インテリアのショールームとしてここが適切な発信の場になると感じました。

Q：どんなことをしたいですか？
内装を彩ることで心に安らぎを与え、豊かな生活を送れるようなお手伝いをしたいと思っています。
そのための発信をしてみたいと思います。

Q：協働・共有・共感について一言
私たち『knot-mana』で取り扱いしているインテリアは英語で「内面」を意味します。TAKAMATSU-JAM4.5はたくさんの職種の人と接することができるので、それぞれの素敵な内面に寄り添い盛り上げていきたいです。

エグゼスト

塗装や内装の仕事を、もっとセンスを活かして喜びを感じる仕事に！

Q：なぜここを借りようと思いましたか？
多種多様なスタイルを持った店舗が集い、場所や時間を共有することで、新たな出会いが増えます。もっと多くの人にエグゼストを知ってもらいたいという思いが日ごろからありましたので、入居を申し出ました。

Q：どんなことをしたいですか？
居心地の良い空間づくりへの好奇心をかき立てるような提案をしたいです。興味を持ってもらえるようなディスプレイや仕掛けで気軽に楽しめる場所にしたいです。

Q：協働・共有・共感について一言
スキルも年齢もコンセプトも違う店舗同士が1つの場所を共有することで、気付き・共感・触発が生まれ、次にやるべきことも見えてくる気がします。仕事は違っても共に働くことで自然に高め合うことが協働の素晴らしさです。

HIDAMARI FUDOUSAN-MANDEGAN

『ひだまり不動産 MANDEGAN』は、ひだまり不動産の建築部門＆リノベーション部門です。MANDEGANの社長は、2013年から現場を担当している西岡さん（通称にっしー）です。

▶▶▶『MANDEGAN』も TAKAMATSU-JAM4.5の一員

"まんでがん"とは、讃岐弁で"全部"という意味です。

単に建築・リノベーション工事をするだけではなく、全部に携わり、全部を楽しみたい。そんな思いを持っています。

TAKAMATSU-JAM4.5 に MANDEGAN の事務所を置き、ここに入ってくれた入居者との物理的距離を近くするということは重要だと考えています。MANDEGAN の事務所をのぞけば、いつでも相談できる距離感。入居者にとって"管理者"というだけではなく"同士"として、一緒に TAKAMATSU-JAM4.5を盛り上げていくことができればと思っています。

西岡司

MANDEGAN ではリノベーションに力を入れたいと思っているので、新築は積極的には請けていません。せっかく良い建物があるのに、古いというだけで解体してしまうのはもったいないことだと思っているからです。

ぼくたちの強みとしては、住宅、店舗、飲食などの多彩な経験があること。その経験にプラスして不動産目線からのアドバイスもできることだと思っています。

"欲しかった暮らしがみつかる"というひだまり不動産のテーマを可視化する担当として、お客様と一緒に全部考え、全部に関わっていける会社を目指しています。

▶▶▶ DIYについての相談やアドバイスもお受けできます

TAKAMATSU-JAM4.5にはMANDEGANの事務所だけではなく、『せとうちひだまり図工室』や様々なアトリエも備わっています。そのため工事をお受けするだけでなく、「自分でやってみたい！」という方のために、DIYのお手伝いやアドバイスも承ります。

DIYで内装を仕上げるのはコストカットとしてはいいのですが、やはり完成度が低かったり、やり切れず途中で挫折したりするケースも多いものです。

プロからデザインやDIYのアドバイスを受け、施工は自分でやる、あるいはプロに一部手伝ってもらう。難しい部分の施工だけお願いする。そんないいとこ取りのやり方もアドバイスしていきます。

せとうちひだまり図工室

「共有できるDIYの工房があるといいね」というアイデアから生まれた図工室。DIYに必要な機材が一式揃っているので、セルフリノベーションの時に大活躍です。
使用方法・活用の仕方については『ひだまり不動産 MANDEGAN』がサポートするので、初心者でも安心です。

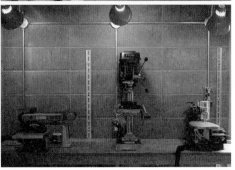

　木工旋盤・レーザー加工機、ドラムサンダー、ミシンなどなど、DIY に必要なあれこれが揃っています。それ以外にも、リノベーションで使用する部材や素材見本、アンティークの家具、扉などを展示。ひだまり不動産のストックルーム兼ショールームとしても活用します。

　プラスα、入居者同士や、ひだまりメンバーとの交流が自然に生まれる場所になることも目指しています。

入居クリエイター同士が自然につながり合える場所になっていくといいな

植物と古材でどこにもない空間をつくる！

**手間がかかる？ メンテナンスが必要でめんどくさい？
そんなことを超えてしまえる「帰りたくなる家づくり」
そのポイントは、植栽と古材の活用にあります。**

ひだまり不動産のつくる空間について「オシャレだけど温かくて居心地がいい」と言ってもらえることが多いのですが、理由はどこにあるのでしょう？

▶▶▶ 建物の完成度をぐっとあげてくれる植栽

建物は無機質でできています。だからこそ、自然や生活している時間を感じられるような演出を意識しています。

お引き渡しの時には「家を育てていってください」とお伝えしています。
建築というと、家という名の "箱" をつくって完成と思われがちですが、本来は人や植物が入ってやっと本当の完成なんじゃないかな、と感じます。

部屋に照明や家具、小物たちを置くように、外観には植栽をほどこしてあげたいと思っています。

▶▶▶ 四季を感じて、帰るのが楽しみになる家に

庭に植えられた木々や草花の世話をして、春には色とりどりの花を、夏には青々と茂るみどりを、秋には紅葉、冬には硬く閉じた蕾を愛でる。何て素敵な毎日でしょう。「そろそろあの花が咲いたかな」なんて、家までの道のりもきっと楽しくなります。

▶▶▶ 家に合わせて果樹も植えてみる

どんなお家かにもよりますが、レモンやリンゴなどのフルーツを植えることもあります。実っているだけでも嬉しいものですが、飲食店なら自家製のジャムを限定販売しても人気がでるかもしれません。

社員や入居者と一緒に草抜きや落ち葉清掃をするのも良いコミュニケーションになります。

TAKAMATSU-JAM4.5の共有カフェスペースには植物が植えてあります。

▶▶▶ ちょっと変わった植物で好奇心を刺激する

桜やもみじ、オリーブなどの見慣れた木だけではなく、ピンクペッパー、エルダーフラワー、セイヨウニンジンボクなど、あまり知られていないマイナーな木々も植えています。「この木は何だろう？」と、好奇心をくすぐり、興味を持ってもらえたらいいなと思っています。

▶▶▶ 古い建物に馴染むアンティーク製品

ひだまり不動産のリノベーションでは、できるかぎり物件自体の持っている良さを生かしたいと考えています。古い物件には、時間を経たことで生まれた個性や魅力があります。

同じように時間を超えた味を持つアンティーク製品は、古びた場所によく馴染み、物件の魅力を更に引き出してくれると感じます。

また、元々の機能とは違った使い方をすることで、面白く変身するものもあるので、気になるアンティーク製品があればご相談ください。

▶▶▶ 唯一無二の空間ができあがる

植物もアンティーク製品も、同じものは1つとしてありません。

植物は世話が必要ですし、アンティーク製品は形が反ってしまっていたり、部品が存在しなかったりと、メンテナンスに苦労することもあります。

だからこそ、どこを探しても同じものがない空間ができあがるのだと思います。

みんなのキッチンJAM　＼みんなの夢を叶える、シェアキッチン／

　アイデア出しから生まれたシェアキッチン構想。かなり専門的な機器を備えている理由は、「だれでも、すぐに自分らしく夢を叶えられる場所をつくりたい」と思ったからです。東京のシェアキッチンスペースをいくつも巡り、限られたスペースでできることを研究しました。

　ひだまり不動産ではテナントの開業サポートを行っていますが、資金面でなかなかスタートできないお客様も多く、「もう少し気軽に開業できる仕組みがあればいいな」と感じていました。この『みんなのキッチン JAM』は、知識や設備、まとまった資金がなくても、夢に向かって美味しいモノづくりに挑戦できるキッチンになっています。

▶▶▶ 本格開業の前のテスト店舗として

飲食店の新規開業におけるハードル	「みんなのキッチン JAM」の価値
テナント料、内装造作、厨房機器の導入だけで数百〜数千万円もの資金が必要	プロ仕様の設備や機器を使用することができるシェアキッチン

　『みんなのキッチン JAM』なら、初期投資を抑えてお試し出店や販売ができます。試験販売の場として、また販路開拓の場として活用してもらい、手ごたえを試してから店舗出店やファクトリーの開業を目指せるので、資金的・精神的不安は軽くなります。

設備・オーブンガスコンロ 3 口　1 台 / 縦型冷蔵庫 1 台 / 台下冷蔵庫 1 台 / 台下冷凍庫 1 台 /2 槽シンク 1 台 /1 槽シンク 1 台 / 氷機 1 台 【設計・施工】ひだまり不動産 MANDEGAN

▶▶▶ ひだまり不動産のサポート付き

　テナントリーシングから空間デザインまで、全面的にサポートします。メニュー作りや調理について、プロのパティシェや管理栄養士からアドバイスを受けることも可能です(有料)。

カタチにする	販売する	起業する
パティシエや管理栄養士のアドバイス（費用応相談）	初期投資を抑えて試験販売や販路開拓をおこなえる	店舗やファクトリーを開業の際は物件探しから空間デザインまでサポート

▶▶▶ 大きすぎて活用できない場所は分解することで解決

『みんなのキッチンJAM』は、元は独身寮の食堂の厨房です。この大きな厨房をそのまま生かそうにも、普通のカフェや飲食店を誘致するのは立地的に難しいという問題がありました。そこで、キッチンを3つに割ってそれぞれにプロ仕様の調理設備を導入。シェアキッチンとして活用するプランを採用しました。

シェアキッチン施設は東京では珍しくありませんが、高松では挑戦的な試みとなりました。とはいえ高松では、時間貸し制のシェアキッチンで利益を生むことは厳しいと考え、年間契約で運用していくことにしています。「東京ではできても高松では難しい」逆に「高松ではできても東京では難しい」など、地域によって条件が異なるため、柔軟な軌道修正を重要視しています。

▶▶▶ 使い道のない場所も思いきった発想の転換で丁度いい場所に

独身寮時代、食堂とお風呂場だったスペースを大改造。屋内と屋外が繋がるようなデザインを採用し、開放的な空間になりました。

この場所では、シェアキッチンのお客さんだけはなく、2階3階のアトリエ入居者の打ち合わせなどにも使ってほしいと思っています。全員が心地よく共有できる、公園のような場所を目指しています。と、ここまでが自己資金でおこなった第一期工事の内容です。

TAKAMATSU-JAM4.5の1階レイアウト

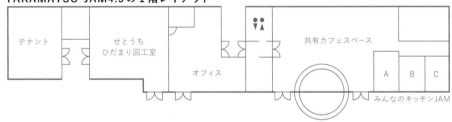

▶▶▶ 補助金でシェアキッチン第二期の設備を購入

ちょうど第一期工事が終わった頃、高松市の『頑張る補助金（香川県前向きに頑張る事業者を応援する総合補助金）』があることを教えてもらいました。1500万円、300万円、100万円の枠があり、新しい事業に挑戦する事業者が対象です。

『みんなのキッチンJAM』事業で申請することにしましたが、迷ったのは、どの枠に応募するかです。実際には1000万円以上のコストがかかっていたのですが、全く取れないのも怖いので、控えめに真ん中の300万円の枠で申請、無事に補助金を頂くことができました。この補助金で『みんなのキッチンJAM』第二期の設備が購入できました。ありがたい！

▶▶▶ 仲間づくりができる場所づくり

　TAKAMATSU-JAM4.5 は、モノづくりに携わる多くの人たちが出会い、つながっていく場です。お互いの知識や技術、道具などをシェアしたり、試食やレシピのアドバイスをしあったり、共同でイベントを企画したり、などなど…。クリエイティブな仲間との交流は刺激的でワクワクするもの。孤独になりがちな創作活動のモチベーションアップにもつながります。

　様々なジャンルから集まった、年齢も性別もバラバラの個性的なクリエイターが集まることで、どんな相乗効果が生まれるか…。これからの変化と成長を一緒に楽しんでいきたいと思います。

1階テナント

シュークリーム
みんなのキッチン A **chox 小屋** 飲食店として一足先に入居、あっという間に人気店舗となってくれました。 Instagram @chouxgoya

焼小籠包と餃子
みんなのキッチン B **包トラトラ** 小さなスペースを余すところなく活用しています。将来的に店舗出店を計画中です。 Instagram @pao_tora

チーズケーキ専門
みんなのキッチン C **きまぐれちーず** 栄養士の資格やケーキ屋など飲食店の経験も豊富な頑張り屋で、応援したくなります。 Instagram @kmg_cheese

パンとコーヒー
F101 **喫茶ヒツジ** 京都からの移住者で、地元の企業支援機関から紹介されて訪ねてくれました。 Instagram @kissa_hitsuji

テナントさんエピソード
F101 喫茶ヒツジ

製造長：しょうさん　店長：さとこさん

こんなに楽しくて
充実した日々と
出会わせていただき
ありがとうございます。

移住のきっかけは何だったんですか？

京都で別の仕事をしていた頃から、しょうさんが「パン屋をやりたい」という夢を持っていて、私（さとこ）もパンが大好きだったから「じゃあやってみようよ」ということになりました。

でも、いざパン屋を始めるとすれば、きっとそこが定住の場所になります。私の出身が徳島で、親の年齢を考えると実家に近い四国で開業したいと思いました。

どうして香川県を選んでくれたんですか？

絵を描いたり楽器を演奏するのが好きなので、アートや芸術が盛んな印象がある香川県に住んでみたいと思いました。あと、瀬戸内の温暖な気候や、オリーブオイルなどの特産品が好きだったことも理由です。

実際住んでみて、本当に気候が良くてびっくりしています。近くに自然があり、街までも近いので生活するのも便利です。

TAKAMATSU-JAM4.5への入居を決めたのはなぜですか？

ひだまり不動産の存在を、香川県の経営支援機関で教えてもらいました。直ぐに連絡をして、内海さんとのアポまで取ったのですが、その後コロナ禍に入ってしまって…。その後は「きっと忙しいと思うし、物件も埋まってしまってるだろうな…」と半ば諦めていました。

そんな時に内海さんから「前に問い合わせをもらったけど、どうなりました？」って連絡をいただきました。嬉しくて、改めてアポをとって、その時にTAKAMATSU-JAM4.5を紹介されました。

仕事を辞めてから移住、そして開業なので、家を借りられるのか心配でした。それが、ひだまりさんのところで『店舗・住居』の両方を用意してもらえることになって、即決しました。

京都と高松、どうやって打ち合わせをしたのですか？

Zoomやメールでしました。好みのインテリアの写真や、イラストを描いて希望を伝えました。2021年11月から打ち合わせを始めて、12月から月に一回香川へ通い、現場確認と細かいニュアンスについて話し合いました。

MANDEGANの西岡さんが担当でした。細かい変更にも対応してくれるし「どう転んでも素敵にはなるんだろうな」と安心して、ひたすらワクワクしていました。

▼さとこさんが描いたレイアウト希望イラスト

TAKAMATSU-JAM4.5はどうですか？

ここに決めて良かったなと思っています。ぽつんと一軒だけのお店では出会えないだろう他店の人たちに会えます。移住してきたばかりなのに、全然寂しくなくて、相談もできます。大変な時も「他のお店の人も頑張っている」と思えば、心が折れなくてすみます。

色んな分野のクリエイティブな人たちからの刺激で「次はあれを作ってみたいな」「次はこんなことをやってみたいな」と2人で前向きな話題が出てくるのはこの環境ならではだと思います。

もちろん、集客面でも相乗効果があるんだろうなと感じていて、感謝しかありません。

2階テナント (2022年12月現在オープンしているアトリエ)

植物蒸留アトリエ

A201

コノメハルタツ

植物蒸留の作業が、いつでもできるアトリエを探していると連絡をいただきました。

Instagram @konome_harutatsu

セレクトショップ

A202

パレード

カラフルカワイイ雑貨のセレクトショップ。図工室を使って商品を作ってくれています。

Instagram @parade_310

美術館

A203

1つだけ美術館

ここでしかできない美術館を作れそうだと感じて、開館を決めたそうです。

Instagram @1museum203

男性専用美容室

A207

CANDYHOUSE

希望エリア、営業形態の合致でお勧め。決め手は本人がアーティストってことです。

Instagram @candyhouse.cutshop

キャンドルアトリエ

A208

Lētta

アトリエ機能に加え、ワークショップや販売もできる場所を探して来られました。

Instagram @letta_2020

漆アトリエ&ショップ

A210

kamone.Shop&Atelier

自宅では作業に集中できないので、モチベーションの上がる場所を探していました。

Instagram @kamome/shop_atelier

テナントさんエピソード
A207 CANDYHOUSE

TAKAMATSU-JAM4.5
を盛り上げます！

オーナー：キャン（CAN）さん

第1章

美容師を目指したきっかけはなんですか？

洋画やサッカー選手を観て「どうしてこんなカッコイイんだろう。こんなスタイリングをつくりあげたい」と願うようになったことがきっかけだと思います。接客業としての美容師というよりも、"スタイルをつくる" というものづくりに近い感覚で取り組んでいる気がします。なので、CANDYHOUSE のコンセプトは「高松の男性をヘアスタイルを通じて盛り上げていく」にしています。

TAKAMATSU-JAM4.5にたどり着いた経緯は？

大阪の理容専門学校卒業後、大阪の美容院勤務を経て、地元香川県の美容室に務めていました。長く務めるうちに、想像できてしまう将来にモヤモヤするようになり、独立を目指し、同じ美容室の１席だけお借りする形でフリーランスとして働きつつ、物件を探し始めました。

そんな中で「うわ！素敵！」と思ったテナント募集中の物件に、ひだまり不動産の看板が掛かっていました。一度は、ぼくなんかは無理だろうなとためらったのですが、問い合わせだけでも…と、思いきってメールを送りました。すぐに内海さんと会うことになり、自分のこれまでの経歴や何をやりたいのかを聞いてもらいました。「面白そうですね！問い合わせてもらった物件は予算に合わないかもしれないけど、別の物件がありますよ」と、TAKAMATSU-JAM4.5 に案内してくれました。

TAKAMATSU-JAM4.5への入居を決めたのはなぜですか？

紹介されて素敵だと感じたのですが、立地に関してネックに感じたところがあり「一晩考えさせてください」とお伝えしました。男性専門美容室はニッチなので、大通りに面した入りやすい場所の方が良いかもと思っていたからです。

でも家に帰ってゆっくり考えてみると、自分は美容室の幅を広げたいと思っていて…例えば絵を描いたり、ものづくりをしたり…。それなら入りにくさも逆に秘密基地的だし、色んなものづくりのプロとも出会えるし、ちょうど良いじゃないかと（笑）。翌日には内海さんに入居の決意を伝えました。

どんな空間デザインにしたいと思いましたか？

せっかく絵を描いたりもする秘密基地なので、アーティストっぽくしたいと思いました。それで、アーティストの部屋ってごちゃごちゃして散らかっているイメージがあったので、そういう写真をピックアップして高橋さんに見てもらいました。そしたら、すんなりとそのイメージでデザインをしてくれました。

そういうちょっと面白い変わったこと分かってくれる、ひだまり不動産の雰囲気が良いと思います。一般的には否定されるようなことも受け入れてくれるというか。

TAKAMATSU-JAM4.5はどうですか？

今までの人生になかった刺激がここ TAKAMATSU-JAM4.5 にはあります。ここで色んな業界のスゴイ人たちをみているうちに、美容業界をもっと広げていきたいと感じるようになりました。

これからもっと自由な美容院になるために、キャラクターやグッズをつくって個展もしてみたいし、自分が好きな古着なんかを売っても面白いなと思っていたり…ここじゃないと思いつかなかったことが凄いてきています。

TAKAMATSU-JAM4.5 グランドオープン

　実現まで試行錯誤がありましたが、結果は良好。ひっきりなしにお客さんがやってくる注目の施設になりました。

駐車場問題は近隣トラブルのもと！

何をやっても迷惑駐車は発生するんです。
肝心なのは対策をしてるかどうかと、
「対策をしてますよ」っていう誠意を理解してもらうこと。

　迷惑駐車に関するクレームは多かれ少なかれ、どうしても出てしまうものだと覚悟しておいた方がいいでしょう。
それを踏まえて、できる限りの事前対策をすることと、実際にクレームに繋がった際に、誠意の伝わる対策を早急におこなうことが大事なのです。

▶▶▶ 迷惑駐車の原因はどこにあるのか考えましょう

　一言に迷惑駐車といっても、「ちょっとならいいか」みたいな自覚がある場合もあれば、「うっかり間違えた」みたいな時もあります。
　まずは迷惑駐車の原因を想像してみる必要があります。

▶▶▶ 迷惑駐車の原因と対策

1. 駐車場のスペースが充分に足りていない。停めにくい。
2. 駐車場がどこか分かりにくい。間違えやすい。

ざっくり考えると、この２つに起因してることがほとんどです。
1 が原因の対策は『店舗の数』『座席数』を計算してみて、実際に必要な駐車スペースを考え直してみましょう。自分で駐車スペースを確保しきれない場合は、近隣パーキングへの案内を丁寧におこなうしかありません。
2 が原因の対策は、看板やコーンなどを設置してみましょう。この時に注意することは、誰にでも分かりやすいものにすること。『自分の常識』＝『他人の常識』ではないのです。過去に『月極』という表示の意味を知らない人がいて、ビックリしたこともありました。

▶▶▶ 対策する＋対策していることを伝える

　お客さん側が間違ったとしても、責任を問われるのはお店側です。
　今までの経験から、迷惑駐車がゼロになることは無いと言っていいと思います。そんなことで近隣から「迷惑駐車がなくならない！お店は何もしてくれない！」と思われてしまうと大変です。対策はなるべく早く、そして、「こんな対策をしています」ということをきちんと伝えましょう。ここで一句。
「物件より　わかりやすいよ　駐車場」

ひだまり不動産の妄想力。

全ては妄想から始まります。
こんな家に住みたいな。こんな仕事がしたいな。こんな暮らしがしたいな。
人は、頭に思い浮かべたことを創造していく力があります。
みんなで妄想力を鍛えましょう！

妄想から始まったプロジェクトたち

「妄想実現」の印象的な事例を紹介します。自分が好き
だと感じるものを信じ、形にするための知識を得て、メン
バーの力を借りて実現する！ワクワクしてきませんか？

1. パリのアパルトメントを紫雲町に

HIDAMARI APARTMENT SHIUN は、ひだまり不動
産にとって "初めての収益物件" といえます。

学生用の物件が多いエリアの中、20 代後半をターゲッ
トにした家賃設定。周囲から心配の声もあがりましたが、
リノベーション後の物件を目にして「これは間違いなく満
室になる！」と確信しました。正にパリで見たオシャレ
なアパルトメント！「こんな風に住んでほしい」「こんな
風に住んでみたい」というイメージの膨らむデザインだと
思います。

確信したとおり、あっという間にオシャレに敏感な社
会人たちで満室になりました。

2.世田谷ものづくり学校を高松バージョンで

　東京で見た世田谷ものづくり学校に憧れました。校内に草花があって、誰かがそれを摘んできて花瓶に生ける。「こんな場所が高松にあったら、私なら行きたいなぁ」と思っているうちに「同じように感じる人もけっこういるんじゃないかな」と気付いて「自分たちでもできたらいいな」そして「やってみよう」ということで世田谷ものづくり学校を香川仕様で誕生させたのが、前項にあるTAKAMATSU-JAM4.5。

　憧れを発端に、自分でもできると思い込むことは、強い力になると感じます。

妄想力を膨らませるポイント

1. 色んなものを見る。

　無から生まれるものって実はほとんどないと思います。パリのアパルトメントも世田谷ものづくり学校も、実際見て感動したからそれを自分流でもやってみたくなったのです。色んな場所で、色んなものを見るからこそ妄想は生まれます。

2. 自分の判断でデザインできる

　ひだまり不動産は大家を兼ねているので、デザインが重要だと判断すれば、存分に力を入れることができます。魅力的なデザインが実現すると思えばこそ、妄想も膨らむのです。

3. 思いを理解してくれる工事会社との連携

　「大変だとしても、デザインの完成度をあげたい」その考えを理解してくれる工事会社との出会いは本当にありがたい。「こんなこともできますよ」と提案してもらうことで、さらに妄想は大きく膨らみます。

02 屋島団地 RENOWA-YASHIMA

リノワ屋島

香川県高松市屋島西町 2453-20 ｜ アパート ｜ 住居・テナント ｜ 構造 - 鉄骨コンクリートブロック造 ｜ 部屋数 -15 ｜
築年数 -S59 ｜ デザイン - 高橋 めぐみ

「普通の団地」を新しい価値感で
「オシャレな分譲住宅」に転換した話。

　塩田跡地に建てられた何の変哲もない3階建ての15世帯、一棟賃貸物件にオシャレの魔法をかけました。

　リノベーションが好きな人が、つくる、つながる、楽しむ場所にをテーマに、団地をまるごと一棟リノベーション。新たな価値を持つ『分譲住宅』として販売したプロジェクトです。

▶▶▶ 何となく感じている問題点を整理してみる

　会社同士の関係もあって、購入することになった物件。以前から気になっていた運用に際しての問題を解決しないといけません。

問題点を分析

① 塩田の跡地を埋め立てした地域で、周辺には市営住宅や公団、分議や賃貸のマンションも多く、空室率が非常に高い。土地値も値下がりしている。

② 建物は築30年オーバー、15世帯はすべてリフォームが必要な状態。
　貸せるようにするには多額の資金が必要。

▶▶▶ 解決の糸口はやはり発想の転換

　賃貸物件では採算が合わないため、売却へ舵を切ることにしました。

　賃貸と売却ではニーズが異なります。どうすれば買う人に喜んでもらえる物件になるかを考えることにしました。

　改めて物件を売却する目線で観察してみたところ、可能性に気付きました。

● リノベーションは必要ですが、躯体はしっかりしている。

● 経験から、敷地、室内、外観もリノベーションで活かせると感じた。

▶▶▶ 分譲マンションとして販売できる!?

そこでふと、1棟賃貸マンションを区分登記して戸別に販売した話を、誰かに聞いたことを思い出しました。ネットで検索すると、確かにいくつかの事例がヒットします。誰かができたことなら、ここでもできるかもと、建築士に相談。構造上分譲に適しているかどうかを確認してもらいました。分譲にあたっては、主にインフラ関係、電気の配線やブレーカーや水道メーターなどが各戸についているか、上下水の配管など、チェックポイントがいくつかあります。

▶▶▶ 建築士による確認の結果…

建築士によると、偶然にも分譲するのに問題のない物件だとお墨付きをもらいました。さらには、下水の排水管が下の階を通らず、水回りが自分の部屋で1段上がっているタイプでした。つまり他人の部屋に入らなくても直せるので、工事が格段に楽になります。
「一番いいパターンです。いい買い物をしましたね!」と講査報告を受け、ぱーっと視野が開けたような気がしました。

本来、このような調査は購入する前に行い、プランまで決めておくべきなのですが、調べすぎても悪い情報が気になって手を出せなくなります。事前調査はあえてやり過ぎないのが信条です。(多分間違っています)こんな無鉄砲ながら今までピンチを切り抜けてこられたのは、周囲の皆様に知恵を貸していただき、助けていただいたおかげ。本当にありがたいです。

▶▶▶ 分譲販売プロジェクト始動!

この古びた団地を区分登記し直し、分譲マンションとして売るプロジェクトが発動しました。建物名は「RENOWA-YASHIMA」リノベの輪でRENOWA(リノワ)です。

1部屋は63㎡と57㎡の2タイプあり、ファミリーはもちろん、カップルや単身者まで、リノベーション好きな人がターゲットです。

リノベーション好きの理由?

一言にリノベーション好きといっても、理由は様々。大きくは、以下の3つが関わっていると感じます。

1 自分の好みや価値観を大切にしたい

「こんな部屋に住みたい」とか「こんな生活をしたい」といった思いが強い人にとって、新築よりもリノベーションの方がこだわりを取り入れやすいようです。

2 新築よりもハードルが低い

新築の場合、間取りや内装などをイチから考えなくてはいけません。リノベーションでは既にある建物をどう変えていくかなので、制限がある分、考えやすい面があります。

3 持続可能な社会を考える

新築を建てるよりも、リノベーションの方が断然廃材・新しい材料が少なくてすむので環境保護という利点があります。また、空き家問題の解決に繋がる点でも注目されています。

▶ ▶ ▶ **価値を上げるための取り組み**

1. 共用部、外観にも統一感をもたせ、オシャレに。

例えば、区分マンションで自室だけをリノベーションしても、1歩玄関を出ると古びて平凡な共用部分や外観が目に入ってがっかり、ということは往々にしてあります。一棟まるごとのリノベーションであれば、共用部や外観ごと整えられます。

また、外壁も配色が浮いている部分を塗り直しました。更に、屋上防水をして、側面の壁には鳥が飛んでいるデザインの立体的なウォールデコレーションを配置しました。この作品は、画家の山口一郎さんにお願いしたものです。他ではちょっと見ないシンプルだけど個性的なデザインで、RENOWA-YASHIMA のシンボルになっています。

2. リノベ好きがつながれる仕組み作り

この物件の内装に関しては、床材は無垢材、壁紙を使わないなど最低限の方向性だけを決め、細かいところは各々希望のリノベーションができるようにしました。リノベーション好きが集まることで、新しいつながりが生まれます。賃貸ではそんな環境ができていますが、それを分譲でもやれたらいいなと思いました。

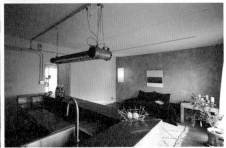

3. コミュニティスペースとテナントで付加価値をアップ！

　自然発生的にコミュニティが生まれるように、コミュニティスペースを設けました。外からも人がやってきて、みんなが集えるようウッドデッキを敷き、ベンチコーナーを備えています。良いコミュニティが育つことで、生活に安心と楽しさが生まれます。

　1階はテナントスペースにすることに。コーヒースタンドやパン屋さん、ギャラリー、ネイルサロン、美容院などが入っています。どの店もひだまり不動産が工事込みでプロデュースしていますので、各店の個性を生かしながら全体としてクオリティを上げ、統一感を出しています。

4. 最も重要な住宅ローンを考える

　区分分譲について調べだした時、「最も難しいのは住宅ローンだ」といわれました。確かに、何百万円もする物件を現金で買える人はなかなかいません。

　そこで懇意にしている信用金庫に相談したところ、快くご協力いただけることになりました。紆余曲折がありましたが、担当者さんに粘り強く取り組んでいただき、なんと最強の住宅ローン、フラット35が適用になったのです。これなら固定金利で35年間借りることができます。なお、このマンションの売出し価格は500万円（税別・デザイン費別）です。これに約700万円かけてリノベーションします。（リノベーション内容と費用は、購入する人の希望により部屋ごとに異なります）つまり、約1200万円程で夢のマイホーム、しかも購入者が好きなデザインの家が手に入るのです。

▶▶▶ リノベーションをキーワードにワクワクする生活を提案

リノベーションが完了し内覧会を開くと、とても多くの方にご来場いただきました。そしてありがたいことに販売開始から程なく完売、このプロジェクトも無事終了となりました。

普通の分譲マンションなら、この周辺に山ほどあります。もっと安くていい物件もたくさんあります。しかしこのプロジェクトでは、『リノベーション』をキーワードに、これまでのマンションの常識を覆すような魅力、ワクワクする生活イメージをアピールできたと思っています。

＼ 犬の散歩道構想 ／

不動産は町と共にあるもの。入居者やテナントのお客さんだけではなく、近隣の人たちも大切です。

ということで、ウッドデッキが犬の散歩道になるように、長〜いベンチを施工しました。リード用のフックもこっそり仕込んでいます。

区分登記により「一部売却」という選択が可能に

このRENOWA-YASHIMAで行った1棟マンションを区分登記しなおし分譲販売するという手法は、まだ全国的に事例が少ないものです。しかしこのやり方を応用すれば、1棟マンションを抱えてお困りのオーナーさんの問題解決に役立つのではないでしょうか。

例えば、相続した古くて空室だらけの一棟マンションを持て余しているオーナーさんの場合です。一棟まるごとどうにかするのが難しければ、区分登記しなおして半分を売却し、売却で得た資金で残った半分の賃貸物件をリノベーションして賃貸すれば、手放さずに賃貸運営を続けることができます。

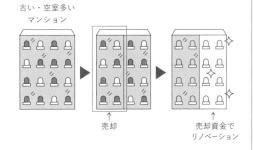

古い・空室多い
マンション

売却

売却資金で
リノベーション

他にもいろいろな可能性が考えられます。分けやすくなるので将来相続が生じた際に兄弟間の相続争いを避ける事ができますし、必要があれば一部を売って現金化することもできます。なにより先祖代々の土地や建物を失わなくてすむのが、精神的なメリットとして大きいのではないでしょうか。

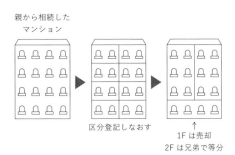

親から相続した
マンション

区分登記しなおす

1Fは売却
2Fは兄弟で等分

分譲の際には大規模修繕計画や管理規約、管理組合なども作っておく必要があります。過半数以上の戸数を維持していれば、運営の主導権も維持できます。

ひだまり不動産の実現力。

頭で考えたことと実行に移すことはまるで違っていて
現実世界は中々きびしい。
それでも培った経験で、妄想を実現していきます。

どこまで遊べるのかを研究する

　安全性や利便性のために絶対しないといけないルールはあります。そのルールを守りながら、どこまで "遊び" を入れられるのかを日々研究しています。
　職人の作業をみているうちに「こんなこともできるかも」とか「同じ結果を違うやりかたでできるかも」と考えます。また、「こんなことやってみませんか」と施主と一緒になって新しいデザインにチャレンジしたりもしています。

"肝心なこと" を探し出す

　デザイナーには最初からできるできないを考えず、思い切り自由に遊んでほしいと思っています。妄想の詰まったデザイン画を見て「こういうことをしたいんじゃないか」という一番肝心な部分を汲み取り、現実的なプランに落とし込んでいきます。
　施主とのやり取りの時も肝心なのは何なのかを見つけることが大事です。「こんな雰囲気が好き」「こんな感じがいい」などのふわっとした情報から、「ということは、こんなデザインや素材が好きなのでは」と提案することで、実現への道筋がみえてきます。

経験を活かして先回り

　妄想実現の行く手を阻む、難解な申請作業。書類の作成や、申請手続き、検査など。初めてお店を出す人にとっては大変なことばかりです。なので必要な資格や申請スケジュール、注意点などについて事前アドバイスをおこないます。
　少しでもスムーズに開店できれば、その分ロスも減らせます。

第2章
〔店舗リノベーション編〕
▶▶▶▶▶▶▶▶▶▶▶▶▶▶▶▶▶▶▶▶

新規開業を成功させる。 かき氷店を全国各地で 繁盛させたワケ。

貸すだけで終わらない。
工事、デザイン、アドバイス。
人呼んで「繁盛店請負不動産屋」です。

「繁盛店請負不動産屋」
ひだまり不動産のテナントリノベーションとは

　ひだまり不動産では「店舗用物件を借りたい」というお問い合わせを多くいただきます。主には HP からですが、中には店舗に掛かったひだまり不動産の看板を見てのお問い合わせや、既にひだまり不動産物件で開店しているオーナーからのご紹介も増えています。

　紹介する店舗用物件は基本的に自社物件なので、空室や空き予定がない場合はお待ちいただくことになります。

　多くのテナントプロデュースを経験しましたが、何年もお待ちいただいているお客様もいれば、逆に初めての問い合わせの際にちょうど空室が出て、さっと決まる人もいます。これはタイミングやご縁、運のような要素に加え、ご本人の本気度や決断力にも左右される部分だと思います。

▶▶▶ 工事から開業サポートまで、ワンストップサービス

　通常、店舗用物件はスケルトン状態（建物を支える柱・梁・床などの構造駆体のことを表し、本文内では店舗の内装設備がない状態を指します）での引き渡し、内装は入居者が行います。その際は工事の手配なども自分で行う必要がありますが、特に新規開業の場合、何もわからない中でやることや決めることが多すぎて、疲労困憊してしまうケースも多いようです。

　ひだまり不動産では、物件のお申込みは工事とセットでお受けしています。新規開業の場合は、開業サポートとしてお店のコンセプトやデザイン、ブランディングなどのご提案も可能です。店舗用物件のご契約から工事、開業までワンストップでサービスをご提供できることが、同業他社と違うところです。

　開業までエスコートするのは、プロの知識やセンスを持った「ひだまりチーム」。この開業サポートについては、特に料金はいただいていません。

ひだまり不動産の新規開業サポート

店舗用物件をスケルトン状態で引き渡し	・ブランディング ・デザイン提案	・店舗デザイン ・工事の手配	テナントオープン
	内装工事 →		

本気で開業を応援する「繁盛店請負不動産屋」

　また、大がかりなリノベーション工事が必要な物件に関しては、開業の門出のお祝いと、影ながら応援させていただく意味を込めて、半年間家賃半額とさせていただいている物件もあります。

　出店にはお金がかかります。広さや設備にもよりますが、最初の内装工事だけで数百万〜、場合によっては１千万円以上かかることもあり、生半可な覚悟では開業できません。

テナントさんの繁盛は大家にとっても嬉しい！

▶▶▶ 頑張ってきた人たちの将来を応援したい

ひだまり不動産のテナントの8割くらいは、小さな商いの新規開業の人たちです。自社物件をお貸しするからには、新規開業を絶対に成功してもらいたい。そう願いながら応援しています。押しは強いですが、実は、コツコツと準備をしてこられた方や、仕事に熱心に取り組んでこられた方々など「この人なら大丈夫！」という人しか背中を押していません。

少し前に地元の飲食系ブロガーさんが、ひだまり不動産のことを『繁盛店請負不動産屋』と書いてくれていました。これを見たとき、とても嬉しかったです。たまに、自分たちでもこのコピーを使わせていただいています。これからも地域に根付く繁盛店、どんどん請負います！

▶▶▶ 不動産には街を変えていく力がある

不動産業者として、店舗物件を売ったり貸したりすることに留まっていたのでは力の出し惜しみです。入居者が何をしたいのか、どんなお店に人が集まって来るのかなど、しっかり話し合うことでよりよい店舗が誕生します。

目指す理想は、見捨てられたような古いビルがリノベーションで甦り、人気ショップになってオーナーやお客さんに喜ばれ、人の流れが変わり街並みまで明るくなる。そんな変化です。不動産には街と関わり、変化させていく力があると思っています。

人気店の並ぶ明るい街には自然に人が集まり、結果的に自分たち不動産業も本当の意味で潤うことができるのだと思います。

01 HIDAMARI KAKI-GORI STAND 高松店

ひだまりかき氷スタンド

\ 行列のできる
かき氷スタンドの誕生 /

香川県高松市観光町 536-1 ｜ アパート ｜ 住居・テナント ｜ 構造 - 鉄骨ブロック造 ｜ 部屋数 -10 ｜ 築年数 -S46 ｜
デザイン - 高橋めぐみ ｜ website - Instagram @hidamari_kakigori_stand

暮らしをリノベする、ひだまりリノベチームのチャレンジショップ

　始まりは「こんな事できたら面白い！」というひらめき。不動産とも建築とも関係のない飲食業への挑戦、ひだまり不動産直営店の夏季限定かき氷スタンド。

　挑戦的過ぎて大変なこともありましたが、不動産だけやっていたのでは絶対に出会えない経験が沢山できました。今では高松の夏の風物詩となっています。

▶▶▶ 必要なのは "場" の条件と選定

　最初にひだまり不動産がかき氷店をオープンしたのは2012年、ひだまりアパートメント松島の1階でした。夏に突如現れた、懐かしい雰囲気のかき氷店。それが大好評で毎日大行列になり、テレビや雑誌でもたくさん取り上げていただきました。

　ただ、余りにも人が並びすぎ、周囲の店舗からのクレームもありました。

　「またやってよ！」というリクエストは多かったものの、ちょっと疲れてしまい次の年は1年お休み。ひだまり不動産の事務所の隣室が空いたので、2014年からはひだまりアパートメント06号室での営業となりました。

　移転してからの1年間は、営業は日曜日だけにしました。それは単純にスタッフがおらず対応できなかったからですが、逆に「週に1日だけ」という希少性がブランディングとなり、毎週すごい大行列になりました。その頃は、1日最高340杯ぐらいは出ていたと思います。

▶▶▶ 人気が出ることで発生するクレーム問題

　生活圏の変化に人は敏感です。

　最初は応援してくれていた近隣の住民も「迷惑駐車が増えた」「自宅の前まで行列が並んでいる」「大声や笑い声が気になる」など、どうしても不愉快に感じてしまうようになります。自分に当てはめても、これは当然のクレームです。

　絶対的な解決策はないものの、充分な駐車スペースを確保したり、コインパーキングを案内したり、行列を迷惑になりにくい路地などへ誘導したりすることはできます。

　とはいえ、もっとも大切なのは近隣住民のクレームを丁寧に聞いて真剣に対応することでコミュニケーションを重ねること。店舗の存在に慣れてもらい、受け入れてもらえるようになるのを辛抱強く待つことだと思います。

▶▶▶ 提供する商品にはこだわりを

　カキ氷のシロップは、当初テナントの3軒のケーキ屋さんにそれぞれ製作を依頼していました。プロなので当然ですが、完成度が高い本格的な味で、すごく美味しい。これだけ人気になったのは、インスタ映えする見かけもありますが、やっぱり味がよかったからです。

　現在はレシピをいただき、ひだまりアパートメントのシェアキッチンで手作りしています。旬の瀬戸内フルーツを使用し、レモンは減農薬でワックスをかけてないものと、原料にはこだわっています。毎年同じ味では飽きるので、みんなで試食しながら随時新作も出しています。折からのかき氷ブームもあり、この高松市観光町という立地で、夏季だけの営業なのに年間1万人という大変な集客となっています。

▶▶▶ 行きたくなるお店には、必ずステキなストーリーがある

　昔ながらの手削りで仕上げた、きめ細やかで雪のような口どけの氷をふんわり盛りつけ、そこに旬の果実を使った『天然果実蜜』をとろりとかけます。果実蜜の材料は瀬戸内にこだわり、地元の農家さんの育てたフルーツを扱っています。

　ちゃんとこだわり、それをしっかり伝えていくこと。ひとつひとつのこだわりを積み重ねていくこと。こだわりに込められた自分たちの思いや背景がストーリーとなって、お客さんを引き寄せてくれます。

▶▶▶ シーズンオフは期間限定店舗やシェアキッチンに

　ひだまりかき氷スタンドは、夏季限定営業です。（5月1日〜9月の暑い時期まで）クローズ期間中、06号室は果実蜜の加工場として使っています。なお、01号室は期間限定店舗やシェアキッチンとしてお貸ししようかと計画中です。

　どれだけ無駄なく、場をイキイキさせるか。色んなお店が入ることで、笑い声の絶えない場所になります。「いつ行っても何か楽しいことが待っている」お客さんにそう思ってもらえるようになれば最高です。

　本格出店前にお客様の反応が見たい方、腕試しをしたい方、移住前に地縁を作りたい方、まずは期間限定でのお試しでの出店を受け付けております。

02 SETOUCHI HIDAMARI KAKI-GORI 鷺沼店

せとうちひだまりかき氷

神奈川県川崎市宮前区鷺沼2丁目13-17｜アパート｜住居・テナント｜構造 - 鉄筋コンクリート造3階建て｜部屋数 -9｜
築年数 -S47｜デザイン - 高橋めぐみ｜website - http://kaki-gori.com

　かき氷店が始まると、広い庭がテラススペースとして大活躍。2022年春にはウッドデッキを施工しました。一層快適になったお庭にイスとテーブルを並べて、これからも沢山のお客さまをお迎えしたいと思っています。

かき氷店、いよいよ関東進出！
積み重ねたブランディングでつかんだ全国紙の表紙。

▶▶▶ 住宅街のかき氷店。PR方法は地道なポスティング

RENOWA-SAGINUMA 1階の1室で SETOUCHI HIDAMARI KAKI-GORI 鷺沼店をオープンしました。駅から距離がある住宅街の奥まった一角にあり、通りがかりの人がふらりと入ることは期待できない立地です。なんとか存在を知ってもらおうと、娘と2人で夜な夜なショップカードを2,000枚以上ポスティングして歩いたのも、良い思い出です。

▶▶▶ 絶大な影響力を持つメディアとSNS

流れが変わったのはオープン2年目の2017年。なんと SETOUCHI HIDAMARI KAKI-GORI のかき氷が、雑誌「Hanako」の表紙を飾ったのです。これは私たちには大事件でした。

影響力は凄まじく、それからは連日、かき氷を求めるお客さんの大行列が続きました。後追いで他のメディアにも多数取り上げられ、「じゅん散歩」で高田純次さんが訪れたことも。

このブームはSNSの影響も大きかったようです。お客様が携帯でカシャカシャ、Twitter や Instagram にリアルタイムでかき氷をアップすると、たちまち世界中に情報が拡散されます。このスピード感は、最初に高松でひだまりかき氷スタンドを始めた時代の比ではありません。

▶▶▶ 積み重ねたブランディングのおかげ

なぜに地方都市の不動産屋がやっているかき氷屋が「Hanako」の表紙を飾ることができたのか…。スイーツライターの隠密調査や他店舗との表紙争奪戦に勝ち残れたのか…。

背景には、高松でかき氷店を始めた時からブレずに守ったブランディングがあります。瀬戸内にこだわった天然果実蜜と手削りの氷、ひだまり不動産ならではのデザインを重視したリノベーションがあればこそ。改めて、単にかき氷を売ることが目的ではないと強く思います。

▶▶▶ どんどんやることだけが正解ではない

そんな人気の鷺沼店ですが、夏場だけの営業で冬場はお休み。そんな事業、通常なら成り立ちません。でも、本業ではないから見えてくるものもあると思って続けています。

「こんな事できたら面白い！」で始まったかき氷店。年数を重ねて人気店になればなるほど、楽しくなって更に色んなことをやりたくなっています。夏のかき氷に加えて、冬もこだわりの果実蜜を楽しんでもらえるよう、期間限定で「ホットケーキ」を始めてみる事にしました。新しいことを始めるのは、小さな一歩でも毎回ワクワクします。

全国5箇所の プロデュース をして思うこと	直営の高松店と鷺沼店、プロデュースした岡山・岐阜・石川（金沢）。地方と都会の違いを客層や単価、メニューなどから感じます。これも、異なる5つのエリアで店舗立ち上げをしたからこそ分かることです。 ● 高松店：県外のお客さんが多い。→どんなメニューが必要？他にできるサービスは？ ● 鷺沼店：年々地元の人が増えている。→何を求めているの？瀬戸内のイメージは何？ など、こういった違いから経営方針を分析することが必要ですし、社会全体のニーズがどこにあるのかについてのヒントにもピンとくるのです。

起業前から考えたいブランディング

ブランディング、差別化に必要なグラフィックデザイン
自らの経験から感じることは
「ブランドイメージは最初が肝心！」なのです！

『ひだまり不動産』という社名も、黄色のコーポレートカラーも、私がモデルとなったキャラクターイラスト『うっちゃん』も、名刺・パンフレット・ホームページなどの広報ツールも全て、地元の優秀なデザイン会社に依頼しました。
高いクオリティのデザインによって、ブランディングや差別化につながったのだと思います。

▶▶▶ そもそもブランディングとは何なのか

ブランドと聞くと、海外の高級店が思い浮かぶので「ブランド＝高級」「ブランディング＝高級感を出す」みたいに思ってしまう人もいますが、そうではありません。

『ブランド』とは他の良く似たサービスと区別するための要素のこと。シンボルマークやロゴ、名称、キャッチフレーズなどが合わさって形作られたもののことです。そして"ブランディング"とは、上記の要素を使って「○○といえば、あの会社だよね」とか「このロゴって、あの商品だね」と、お客さんに認識してもらい、社会に浸透させる活動のことです。

このイラストを見て
「あ、ひだまり不動産だ」となれば、ひとまずブランド化ができているということです。
でももっと大切なのは「ひだまり不動産といえば○○だよね」の○○をどう思ってもらえるか！

▶▶▶ ブランディングの開始は、できるだけ早く

「起業後、落ち着いたらブランディングを始めよう」なんて考えていないで、起業前からブランディングについてしっかり計画しておきましょう。

なぜなら、起業時や新店舗オープンの時こそ世間から注目されているからです。みなさんも新しいお店の工事があったら「何ができるんだろう？」「どんなお店たろっ？」「自分が行きたいお店かな？」など、新しいお店を意識しますよね。そしていざオープンして行ってみたら、今ひとつだった…なんてことになったら、どうでしょう？

ファーストインパクトはとても重要。できれば起業前から準備して、オープンのタイミングで自社ブランドのイメージ発信を開始しましょう。

▶▶▶ 魅力的なブランドってどうやってつくるの？

例えば1つのお店を作るのに必要なブランド要素として、建築や空間デザイン・インテリアデザイン・ロゴマークやショップカードなどのグラフィックデザイン・ホームページなどのWEBデザインなどがあります。

これら多岐にわたる要素を、作り上げたいブランドイメージに沿ってセンス良く整えていく必要があります。

▶▶▶ センスがなければどうすりゃいいんだよ〜

センスなんて誰でもが持っているわけではありません。それに、おしゃれでカッコいいデザインならそれで良いということでもありません。目指すブランドにたどり着くためのデザインが必要なのです。そのために、ちゃんとお金を払ってプロの意見を取り入れることを検討しましょう。「起業時はなにかと費用がかさむし、デザイン費は痛い出費だな…」という気持ちも分かります。デザインの価値を知ったうえで、何をどう選択するかは経営者の大切な仕事。それが経営のセンスなのです。

どうしてプロに頼んだ方が良いの？

飲食や物販は特に "ブランドイメージ" の重要性が高いと考えています。
理由としては
● 類似店舗が多いため、ブランド化していないと差別化が難しい。
● 飲食店や販売店の場合、お店に入るか否かを瞬時に感覚的に決定することが多い。
● ブランドイメージと商品価値が比例するため、価格設定への影響が大きい。
などがあります。

テナントへの開業プロデュースを行う際もブランディングを重視し、店舗のデザインだけでなく、必要があればロゴマークに始まり、ショップカードやメニュー、制服のデザインまで提案しています。特にお店の顔である看板については、物件のデザインを構成する要素としても大きいため、プロに任せることをおススメしています。実際に、訴えてくる "力" が明らかに違うと感じます。

▶▶▶ ブランディングにゴールはありません！

しんどいように感じるかもしれませんが「ここまですればブランディングは完成」というものではありません。

時代や環境の変化も起こりますし、想定していた反応と実際の反応が違うというケースもあります。目標にしているお店やライバル店の動向を観察することで気付くこともあります。そんなこんなを踏まえつつ、常に何を目指しているのかを意識しながら積み重ね続けていくのがブランディングなのだと思います。

03 HIDAMARI APARTMENT SHIOGAMI

ひだまりアパートメント塩上

香川県高松市塩上町 2-17-20 | アパート | テナント | 構造 - 木造 | 部屋数 -3 | 築年数 -S46 | デザイン - 高橋めぐみ |
施工 - ひだまり不動産 MANDEGAN

こじんまりした古い木造アパートを、１階はテナント、２階はSOHO可能なロフト付き賃貸住宅にリノベーション

ローカル電車のことでん瓦町から近い便利な立地にある2階建て6世帯の古い木造アパートでした。

立地の良さを生かして、テナント物件にリノベーション。外壁はホワイトにペイント、店舗部分にウッドをポイント使いし、見違えるほどお洒落な雰囲気になりました。

また、2階はテナントだけでなく、SOHOとして住むこともできる仕様です。

ベーカリー Boulangerie Esto（ブーランジュリーエスト）
website - Instagram @boulangerie_esto

キャッチフレーズは「おいしい日々をつなぐパン」。勤務先のパン屋さんで出会った若いご夫婦が独立し、二人三脚で開店したお店です。国産バター、千寿菊卵、パンにより種類を使い分ける小麦粉など、素材を厳選しておいしさを追求しています。駅近で住宅街という立地とパンの美味しさで、オープンと同時にすぐ売り切れるほどの人気店になりました。

本物のフランスパンで作ったシャンデリアや、ドライフラワーがインテリアのアクセント。アンティークの鉄板に手描きされたロゴマーク。この可愛らしい男の子のモデルは、二人の宝物である息子さんだったりします。

外観のオシャレさも重要ですが、こういった細部にこだわりを持つことでオリジナル感あふれる空間になります。

1階路面のテナントで建物の顔が決まる！

パン屋さんは理想のテナント

新しい物件を購入し再生する際に「どんなテナントが入るのか」によってリノベーションプランを考える事が増えてきました。特に建物の顔となる1階路面のテナントに、どんなお店が入るのかは重要で、建物全体のイメージや資産価値を大きく左右します。また、飲食店の場合はお客さんが出入りするので、近隣や地域に与える影響も考慮する必要があります。

では、具体的にどのようなテナントに入って欲しいかというと、私の最近の一押しはパン屋さんです。その理由を5つに絞ってご説明します。

1 明るく楽しい生活をイメージさせる

焼き立てパンの香ばしい香りは人を幸せにします。パン屋さんに暗いイメージを抱く人はいません。爽やかな朝、焼き立ての美味しいパンを朝食に…。そんな楽しい新生活を想像させるので、入居希望者への内見の際にも好印象を与えることができます。

2 狭いお店でも開業できる

イートインスペースがなければコンパクトな店舗スペースでも営業できるので、家賃を抑えられます。また、お客さんが好きなパンを選んでレジまで運んでくるシステムなので、少人数で回すことができ、運営コストを下げる事ができます。その点で新規開業しやすい業態だといえるでしょう。

3 まだまだ続くパンブーム

　昨今、新しいパン屋さんができるとネットや SNS などですぐに情報が広がり、パン好きな人は遠くから車で買いに来ます。

　もちろん購買層の中心はご近所の方々ですが、評判のパン屋さんがあれば買い物や散歩のついでに少し足を延ばして、お土産に買って帰ろうという人も多くいます。パンは軽いので気軽に持ち帰れるのも利点です。

　パン屋さんは店内滞在時間が比較的短いので、人の流れが生まれて周辺にまで賑わいが拡がります。

4 洒落た店舗で建物の印象もアップ

　お洒落な店舗が 1 階にあると、建物全体のイメージがアップします。

パン屋さんの店舗は、ガラス張りで店内に並んでいるパンが見えるような造りになっています。ディスプレイとしても見栄えがいいですし、季節に合わせた新作など常に品揃えも変わるので、通りかかるだけでワクワクさせます。

　味はもちろんですが、ブランディングが非常に重要な業態なので、ひだまり不動産のリノベーションでとびきりお洒落な店舗デザインにし、看板や店舗サインなどもセンス良く仕上げます。

5 賑わいとコミュニケーションが生まれる

　パン屋さんは最近、街づくりのキーショップとして注目されています。パンを町おこしの目玉にしている地域もあるほどです。

　ひだまり不動産でも、屋島団地プロジェクトや TAKAMATSU-JAM4.5 のような大規模な一棟リノベーションの場合は、1 階にパン屋さんを入れています。店外のコミュニティスペースのベンチでパンを食べながらおしゃべりしたりすることで、賑わいとコミュニケーションが生まれています。パンと相性がいいカフェやジューススタンドなどのテナントと組み合わせるのも面白いと思います。

賑わいは楽しい雰囲気を産み、
それが地域の魅力になっていきます。
パン屋さんはその賑わいを産む
求心力があるのです。

04 White Room

ホワイトルーム

香川県高松市昭和町 1 丁目 4-1 | 1 棟ビル | 美容院・エステ | 構造 - 鉄骨コンクリートブロック造 4 階建て | 築年数 -S45 |
デザイン - 高橋 めぐみ | website - www.white-room-net.com

オーナーの共感で実現。倉庫らしさを最大に活かしたリノベーション

▶▶▶ 建物の持ち味を本気で楽しんでもらう

　高松市昭和町の、元粉物屋の倉庫だったビルです。1 階を美
容室、2 階をスタッフルーム＆居宅にリノベーション。

　建物全体が本物の倉庫なので、下手に新しいものを入れて
雰囲気を壊さないよう、できるだけ既存のものを再利用しま
した。お風呂のドアも本物のシャビーシック（英語で "古めか
しい" という意味を持つ Shabby（シャビー）と。フランス語で "上
品・落ち着いた" という意味を持つ Chic（シック）を合わせ
た言葉）です。「もし腐ったら作り変えればいい」オーナーがこ
の割り切りに共感してくれたからこそ実現した、本物の味わ
いが楽しめる内装です。

Healing esthe nuage by
White Room
ヒーリング エステ ニュアージュ バイ ホワイトルーム

▶▶▶ 店舗の進化をリノベーションでお手伝い

　White Room 開設から 7 年目、2 階にエステルームを作りたいとのご依頼いただき、リノベーションをおこないました。

　当初は 1 階が店舗、2 階が住居の SOHO スタイルでしたが、今回は住まいを別に移し 2 階をエステルームに変更。目を引くパーテーションは、アーティストでもあるオーナーの手描きです。パンチを効かせながらも居心地のよい空間が仕上がりました。

05 SUNNY DAY HOSTEL
サニーデイホステル

香川県高松市丸の内 9-13 | 1 棟ビル | ホテル | 構造 - 鉄骨コンクリート造 4 階建て | 築年数 -S46 |
デザイン - 高橋 めぐみ | website - www.sunnydayhostel.com

どこにでもある普通のビルが、他にない工夫の詰まったホテルに

▶▶▶ ビルからホテル利用へのコンバージョン

　ある日、ひだまり不動産に「ホテルができる物件はないですか？」というお問い合わせがあ
りました。ホテルの清掃業をされている会社で、はじめての自社運営ホテルにチャレンジし
たいとのこと。ちょうどその時、仕入れたばかりのビルがありました。地元では『のしや』
として知られている、結納などで使う熨斗の会社が入っていたビルです。

　さっそく現地をご覧になり「ぜひこの物件で！」という話になりました。ただ、普通のテナ
ントとは違い、ビルからホテルへのコンバージョン（建物の用途変更）には用途変更の可否や
旅館業の許認可など、クリアすべき課題が多くあります。そのため役所や保健所などに事前に
確認し、「問題なくホテルに転用できる」とのお墨付きをいただいてから売買契約をおこない、
リノベーション工事に着手しました。

ホテルのコンセプトは「旅するように暮らす。瀬戸内の新しい暮らしがここからはじまる」です。なんでもない日を特別にする、旅するようにわくわくする居場所…そんなホステルを目指してデザインしました。

　デザインの異なる4つの扉が並ぶ個室フロア「DOADOA」、カジュアルに泊まれるドミトリーフロア「KOYA」、ご家族やグループにおすすめのワンフロア貸切「MITATE」と、普通の個室だけでなく、ドミトリーや1フロア貸し切りなど、様々なスタイルの宿泊をお楽しみいただけるようになっています。

　瀬戸内のフレッシュな果物や野菜を使ったジューススタンドも併設。高松には多くのホテルがありますが、カジュアルなのに洗練された、一味違うホテルに仕上がりました。リノベーションが好きな方には、きっと気に入っていただけると思います。

06 R-HIDAMARI SHIOGAMI
アールひだまり塩上

香川県高松市塩上町2丁目17-1｜ビル｜カフェ・コワーキングスペース・事務所｜構造 - 鉄筋コンクリートブロック造
部屋数 -3｜築年数 -S44｜デザイン - 高橋 めぐみ

高松の中心地から5分。古いビルを賃貸併用住宅にリノベーション

▶▶▶ 古いビルにしかない "時間感覚" と "世界観" をデザインに活かす

　見る人によれば単なる古びたビル。でも私たちから見るとたまらなく愛おしいリノベーション向きのビルでした。各階1部屋、50平米弱の使いやすい広さ。

　テナント1階は絵本カフェで、週末には絵本の読み聞かせ会が行われています。2階は高松初のコワーキングスペース、gain-Y（ガイニー）。3階はリノベーション当初は若者が事務所兼住宅としてお住まいでしたが、現在は不動産会社の事務所になっています。

CO-WARKING SPACE gain-Y（ガイニー）website - gain-y.business.site/

▶▶▶ 自分のペースと他者との関わりを両立させる空間デザイン

　高松初のコワーキングスペース『gain-Y』。重厚な黒い扉を開けると、開放的なオフィス空間が広がります。ブースで細かく区切られたシェアオフィスとは違い、自由な席に座れるフリーアドレス制になっています。

　リラックスして仕事をしたい人は、電源付きの中央の大テーブルへ。これはひだまり不動産デザイナー、高橋さんがデザインしたオリジナル家具です。なお、集中して仕事したい人には、窓側の席がお勧めです。

　特徴的なのは『プレゼンボックス』と名付けられた備え付けの棚。これは会員さん同士が自己紹介をするための仕掛けで、gain-Y の利用者、それぞれの仕事内容をプレゼンできるようになっています。

　利用者は自営業者が多く、税理士、ウェブデザイナー、プログラマー、カメラマン、アートディレクター、ライターなど仕事内容もさまざま。

　会員同士で仕事を依頼する内部プロジェクトや、外部からのオファーを受け会員がチームを組んで動く企画も進行中。どんどん仕事の輪が広がっています。

07 HIDAMARI APARTMENT-MATSUSHIMA

ひだまりアパートメント松島

香川県高松市松島町2丁目18-12｜ビル｜店舗・住居｜構造 - 鉄筋コンクリート造4階建て｜部屋数 -8｜築年数 -S54｜デザイン - 高橋 めぐみ

ボロボロの古ビルがパリのアパルトマンに変貌

▶▶▶ リノベーションの出発点は理想的な生活を空想すること。

　購入当時，室内はボロボロでした。古い建物なので天井も手が届くほど低く、和室もある昔ながらのつくり。この状態からどう完成をイメージして予算内でリノベーションするかが、センスと腕の見せ所です。

　デザイナーの高橋さんは、建物前を流れる川を「セーヌ川に見える」と妄想し、全部屋をデザインしたそうです。

リノベーション後のお部屋は、あらわしの天井、ニュアンスのある白に塗られた明るい空間が広がります。無垢のパイン材の床が素足に心地よい、パリのアパルトマンを彷彿とさせる仕上がりです。セーヌ川（本当は御坊川）の反対側の窓からは、松島神社の緑が眺められます。なんとも心地よい環境です。

BEFORE

AFTER

こんなに変わったの？！
という驚きは
リノベーションならでは。
デザインの力に感心します。

▶▶▶ 業態の違うお店も、デザインの力で心地よい統一感を持たせる

HIDAMARI APARTMENT 松島の1階には2つのテナントが並んでいます。ラーメン屋さんとケーキ屋さん、業態も客層がまるで違う店舗ながら、統一感が保たれているのは同じデザイナーが手掛けているから。大通りから一本入った通り沿いですが、どちらのお店も固定客をしっかりつかみ繁盛店になっています。

DARUMA（だるま） website - Instagram @darumaplus0801

大人気のラーメン屋さん『DARUMA』。お店に入ってまず目にはいるのは、コンクリート打ちっぱなしの壁。カウンターには裸電球が下がり、静かにジャズが流れています。従来のラーメン屋さんのイメージを覆すスタイリッシュな内装はデザイナーの手腕。

開店は2013年。初代オーナーは元商社マンで、飲食店を志してひだまり不動産にテナント探しのご相談に来られました。このテナントをご紹介したところ、前のお店が残した大きな一枚板のカウンターが決め手になりご契約となりました。このカウンターはオーナーが変わった現在も、大切に使い継がれています。

一番人気は「いりこラーメン醤油味」。いりこが香る濃厚なスープは、多くのファンを魅了しています。

Le Temps Des Cerises（ルタンデスリーズ） website - cerises2015.thebase.in/

落ち着いた雰囲気の大人のケーキ屋さん。店名はフランス語で「サクランボの咲くころ」という意味です。

店内は落ち着いた統一感のあるデザイン。オーナーパティシェは、フレンチのお店でデザートを担当していたという異色の経歴の持ち主。宝石箱のようなショーウインドウには、スパイスやお酒を使った、他では味わえない個性的でオリジナリティあふれるケーキが並びます。

熱烈なファンが多く、東京のスイーツライターさんもその一人。ひだまりかき氷の取材で高松に来た際に、ルタンスデリーズのケーキを食べて「このケーキはすごい！」と感激。それから何度も東京から足を運び、大量にお買い上げ頂いているそうです。

営業は午後から。オープンと同時にどんどん売れていくので、お目当てのケーキがある方はお早めの来店をお勧めします。

ひだまり不動産の洞察力。

どんなテナントに入ってもらうのか…。
入ってもらった限りは、成功して欲しいし良い関係を続けたい。
そうはいっても出会ったばかり。ここに洞察力が必要です。

資金力・実力を把握しておきたい

自己資金なり融資なりで、ある程度の資金力がほしいところです。その準備がない場合は注意が必要です。過去に、打ち合わせを重ねたものの徒労に終わってしまった…という事例もあります。

借主が「自分の仕事にどのくらいの自信を持っているのか」「自己資金がどれくらいあって、どのくらいまでの融資が見込めるのか」「将来的にどこを目指しているのか」など、状況を把握しておきたいところです。

最初に資金計画を確認しておくと、お互いの認識のズレが減り、不要なトラブルが回避できます。

相性が合わない時は無理をしない

リノベーション工事もしかりですが、賃貸で借りていただくとなると全てが長期戦。そうなると、ひだまり不動産との相性も大切になってきます。

目指す方向や、デザインの好み、金銭感覚など。相性が合わないと感じた時は、お互い無理をしない方が無難です。

とはいえ、現状は、求められなくても応援したくなるような魅力を持ったテナントが多いと感じます。テナントの魅力は、ひだまり不動産の価値に繋がります。本当にありがたいことです。

第三者の意見を聞いてみる

洞察力には限界があります。簡単に相手の性格やお互いの相性なんて分かりません。そんな時は信頼できる第三者に意見を仰いでみるのもいいですね。

飲食店舗を成功させるポイント

**続けていくことが難しいといわれる飲食店舗ですが
長く人気を保っているお店もありますよね。
共通点は "なぜそこにあるのか" のストーリーを持っていること。**

　人を店に呼ぶということは簡単ではありません。ましてや何度も通ってもらうとなるとさらに難しいものです。

　美味しいものを提供するだけでは沢山のライバル店に埋もれて忘れられてしまいます。何度も通ってもらうには "記憶" してもらうこと。人はストーリーのあるものを覚えることが得意なのです。

▶▶▶ ストーリーづくりに取り組んでみましょう

　自分たちのお店がそこで営業しているストーリーを多少無理やりにでも作ってみてください。これはブランディングにも繋がります。

　HIDAMARI KAKI-GORI STAND の場合は「瀬戸内」にこだわっています。レシピ開発のお願いは地元のパティシエに。材料のフルーツも瀬戸内産のもの。天然果実蜜も高松のキッチンで手作りしています。

　誰にでも、どこででもできることではなく、自分だから、ここからできることを見つけてください。

▶▶▶ 導線・収納・メンテナンスに気を配りましょう

　無駄な動きを少なくするために導線については充分に吟味しましょう。小さな無駄の積み重ねが大きなロスに繋がります。

　それとともに、収納スペースは充分なのか、どこにどれだけ必要なのかも慎重に考えてみてください。収納スペースは想定よりも多めに確保しておく方が安心です。

　また、どんな機械や什器もメンテナンスが必要です。では、そのメンテナンスの頻度はどのくらいですか？万が一壊れてしまった時はいくら必要ですか？そんな事も想定しておいてください。

▶▶▶ 将来どうしていくのかも考えておきましょう

　「後々は、こんな風に変えたい」「こんな調理もしたい」など、将来を踏まえて計画を立てておきましょう。いざ改装しようという時に効率的な工事ができますし、計画があればこそ、行動が生まれます。

数々の店舗開業者を
サポートしてきて感じる
"成功するオーナー！"

● **自信がありながらも、人の意見を取り入れられる人。**

● **古い知識や過去の成功例にしがみつかない人。**

● **お金の掛けどころを分かっている人。**

08 HIDAMARI APARTMENT HANAZONO

ひだまりアパートメント花園

香川県高松市花園町 3 丁目 7-17 ｜ アパート ｜ テナント・住居 ｜ 構造 - 鉄筋コンクリート造 2 階建て ｜ 部屋数 -3 ｜
築年数 -S53 ｜ デザイン - 高橋 めぐみ

街中にひっそりたたずむ、うらぶれた雰囲気の元倉庫のポテンシャル

▶▶▶ 秘めたる可能性に惹かれて購入。相性の良いテナントにめぐり合う。

　この物件は 1 階が倉庫、上が小さなお部屋 2 室の賃貸住宅というつくり。2 階に長年住んでいた方が退去されたタイミングで、2 階と倉庫とかまとめて売りに出されました。街中だけど分かりにくい場所にあり、中はボロボロ。「場所が悪い」「倉庫なんて買ってどうするの？」危ぶむ声もありましたが、思った通りこの物件の良さを十分に引き出してくれるテナントさんが現れました。フォトスタジオの運営会社が、撮影用スタジオ＆事務所として借りてくれたのです。

　リノベーションによって、洗剤の匂いが残る倉庫がパリの街角にあるようなフォトスタジオに大変貌を遂げました。あまりの変わりぶりに元オーナーが「こんなになるなら、売るんじゃなかった！」とボヤいたほどです。

　フォトスタジオは順調に運営されていましたが、諸事情により数年で閉店に。この内装は次のテナントに引き継がれることになりました。

aoidoor（アオイドアー）　website - aoidoor.com/

　フォトスタジオさんの撤退後、内装はそのままで次のテナントを募集したところ「この雰囲気が気に入りました」と、雑貨屋さんを営むオーナーが居ぬきでご入居になりました。

　本来なら物販は難しい立地ですが、実はこのオーナー、雑貨の世界では有名なカリスマバイヤーだったのです。多くの固定ファンがおり、イベントの告知情報などを流すと、どこからともなく続々とお客さんが集まってきます。その様子を見て「どの世界にも集客力のある人はいるものだ」と感心してしまいました。

　現在のオーナーは、このカリスマバイヤーから経営を引き継いだ元店員さん。『aoidoor』、扉に合わせた素敵な店名をつけてくれました。

　オーナーが変わった今も、デザインされたフライヤーが定期的に届きます。多くのお客様に愛されている人気の雑貨屋 aoidoor。その背景には経営努力の積み重ねがあるのだと気付かされます。

09 THE BANK
ザ バンク

香川県高松市高松町 2578-3｜1 棟ビル｜美容院（店舗兼自宅）｜構造 - 鉄筋コンクリート造 2 階建て｜築年数 -S35｜
デザイン - 高橋 めぐみ｜website - thebank.biz

元銀行というインパクトに加え、好みの四角い小ぶりのビルに即決

▶▶▶ どんなに個性的な建物でも、魅力を分かってくれる人はいる。

　経緯と形状に惹かれ、話がきてすぐに購入を決めました。元金融機関だけに店内には重厚
な金庫があり、外観も個性的です。5 m もある高い天井や窓の格子など、古き良きディティー
ルが随所に残っており、古い建物ならではのたたずまいが素敵です。

　あえて居住用にするのも面白いと「銀行に住みませんか？」と何人かのお客様に声をかけた
のですが、さすがに銀行に住みたいというニーズはなかったようで空振り。

　そこに「美容室をやりたい」というお客様がいらしたのでご案内したところ、建物の周りを
ぐるりと回って「ここにします！」と即決しました。やはりこの建物のカッコよさ、わかる人
にはわかるのです。店名も美容室なのに「THE BANK」、さすがのセンス。

　大人気の美容院ですが、今でもたまに銀行と間違えて両替にくる人がいるそうです。

10 atelier Lead
アトリエリード

香川県高松市福田町 10-13 ｜ 1 棟ビル ｜ 美容院（店舗兼自宅）｜ 構造 - 鉄筋コンクリート造 3 階建て ｜ 築年数 -S60 ｜
デザイン - 高橋 めぐみ ｜ website - lead-web.jp/

カリスマ美容師の自宅兼、店舗第 1 号

　1 棟物件のテナントビル。1 階と 2 階が美容室、3 階がお住まいの店舗兼自宅です。

　オーナーとの出会いは、「独立開業して美容院を開業したい」とご相談を受けたこと。「どの場所がよいですか？」と聞かれたので「どこでも同じです。実力でお客様を引っ張ってこないと。今、ご紹介できるのはこの物件だけです」とご紹介したのが、この物件でした。偶然オーナーの土地勘がある場所だったらしく、外観や他の条件もぴったりだと即決していただきました。

▶▶▶ お客さんに合わせ、階ごとにイメージの違うデザインに。

　リノベーションのポイントは、1 階と 2 階で客層が分かれるようお店のイメージを変えたこと。1 階がシックなイメージ、2 階は子ども連れも歓迎の温かいイメージです。結婚するタイミングだったということで、3 階はお 2 人の新居となりました。

　こちらのオーナー、実は界隈ではカリスマ美容師として有名な方だったそう。同じく美容師である奥さんとスタッフの 3 人でスタートしたお店は、大通りに面した立地もあり、たちまち大繁盛店となりました。

11 sou Lead
ソウリード

香川県高松市福田町 14-2｜1 棟ビル｜美容院（店舗兼自宅）｜構造 - 鉄骨 3 階建て｜築年数 -S42｜
デザイン - 高橋 めぐみ｜website - lead-web.jp/

宣言にたがわず、店舗第 2 号をオープン

　1 店目のアトリエリードをオープンした際に「5 年後には 2 店目を出します！」と宣言され
ていたオーナー。1 店目が好調で、1 年早まり 4 年後に 2 店目を出店することになりました。

▶▶▶ 条件に合った物件を購入。賃貸に。

　2 店目として選んだ物件は、1 店目と道を挟んだ近所、築 40 年以上経過する築古の鉄骨ビ
ルです。場所の指定があった上に、物件を探すまで 2 か月しか猶予がなく焦りましたが、運よ
く条件に合う物件が見つかりました。

　この物件はひだまり不動産が購入し、1 棟丸ごと店舗兼自宅としてオーナーに賃貸していま
す。改装費用などはテナント持ちです。

▶ ▶ ▶ 毎回驚かされるリノベーション転生

　2店目を急がれた理由の1つは、オーナーの奥様が2人目を出産予定だったから。家族が増えるので2階の半分と3階を自宅にしました。また、新しいお店のスタッフも2〜3人増えるので、これまで自宅にしていた1店目の3階はスタッフルームとして使用することになりました。

　店舗部分の床は無垢材のヘリンボーン張り、壁はポーターズペイントのブルーで塗られ印象的な仕上がりになっています。自宅部分もモデルルームのようなスタイリッシュさ。屋上は助成金の100万円を使って緑化されており、プライベートガーデンも楽しめます。

　この建物のビフォーを知っている人ほど、劇的な変身ぶりに驚きます。デザインの力を痛感した、印象に残るリノベーションでした。

実はこの話、続きがあります。1棟目のアトリエリードはそのままの状態で売却しました。そしてなんと現在、新たな物件が出現しております！まだまだ進化しそうですね！

美容院 店舗を 成功 させるポイント 5

美容院の店舗リノベーションを 6 店舗手掛けてきました。
どこも順調で、いまだに経営難で潰れた店舗はゼロ！
そんな、ひだまり不動産からのアドバイス。

　ひだまり不動産のテナントに美容院が多いのは、高松で美容院ができるお洒落なテナント物件を探すと、必然的にひだまり不動産にたどり着くからだと思います。これは自画自賛ではなく、地方都市なので競合が少なく選択肢が限られているからです。多くは HP からのお問い合わせですが、先輩オーナーからのご紹介や、ショップに貼ってあるひだまり不動産の看板を見てのお問い合わせもあります。

　また、貸す側から見ても美容院は大歓迎です。美容院が 1 階に入ると外観がスタイリッシュになり、出入りするお客さんもお洒落な方が多いので華やぎます。また、美容師さんはお仕事柄流行に敏感で感性の鋭い方が多く、ひだまり不動産のリノベーションとも相性抜群です。

　以下に、これまでの経験で感じた美容院店舗のポイントをあげていきます。

1 デザイナー主導でリノベーションを進める

　依頼主である美容師さんには、最初に「どんなイメージの店舗にしたいですか？」とヒアリングしますが、新規開業の方の場合、具体的なイメージがわきづらいのです。みなさんカッコいいものが好きなのは共通していますが、では「具体的にどんなのが？」と質問しても答えが出てきません。

　餅は餅屋、店舗のリノベーションはデザイナー主導で行った方が良い結果につながります。デザイナーは、まず素材となる建物を見て、依頼主の好み、立地、顧客ターゲットなどのあらゆる要素を総合的に考え、細かいところまでイメージしてデザインします。壁の色など大事なところは必ず塗る前に現場で確認をしていますが、その他の細かい部分はお任せいただいた方がストレスなく進み、完成度も上がります。

2 店舗の導線を大事にする

　デザインも大事ですが、店舗は導線も重要です。特に美容院はシャンプー、カット、パーマ、カラーなど作業工程が多いので、何をしている時に誰がどの道具を使ってどう動くのか？　お客様の座る位置やシャンプー台への移動は？

　など細かく実務をシミュレーションしながら設計していきます。

3 店舗兼自宅で暮らしも充実

　戸建や1棟ビルを美容院にする場合、1階を店舗、上階を住居にしている物件も多くあります。ご夫婦ともに美容師さんで小さいお子さんのいるご家族の場合、店舗兼自宅は仕事と育児を両立しやすい良い選択だと思います。開店準備と引っ越しが一度で済むのも合理的です。

　応援の意味を込めて、かなりお家賃も抑えています。理想の店舗と住まいが同時に実現できる上、コストの削減にもなるのでとても喜ばれています。

4 立地にこだわり過ぎない

　これは新規開業の方に多いのですが、立地にこだわりすぎてスタートできない方もいます。ひだまり不動産の物件の多くは、いわゆる一等地ではなく、便利な場所だけど大通りから一歩入ったところや、ほんの少し中心から外れたところにあります。だからこそ取得費や家賃を抑えることができるのです。

　美容院は目的客が予約して訪れるので、隠れ家的な店舗でも成立しやすい業態です。逆に言えばどんな好立地であろうと、実力でファンを掴んでお客様を引っ張ってこられなければ、続かないと思います。

5 2店目、3店目はより満足度の高い店舗に！

　ひだまり不動産の物件で新規オープンした後、2店目、3店目と展開していかれる方や、改装などのリピートオーダーもいただきます。店子さんの成功は、私たちにとってもこの上なく嬉しいこと。既に信頼関係があり、オーナーの経験値も上がっているので、より満足度の高い店舗づくりが可能になります。リクエストを受けてから希望条件に合う物件を探し、ひだまり不動産が購入して賃貸することも可能です。

　一緒にお客様に愛される、魅力的な店舗を作っていきましょう。

12 株式会社TTR設計

香川県高松市扇町 1 丁目 25-52 ｜ビル｜事務所｜構造 - 鉄筋コンクリート造 3 階建て｜築年数 -S46｜
デザイン - 高橋 めぐみ｜website - t-t-r.jp

社員想いの経営者のための、仕事もアウトドアも楽しめる長細物件

▶▶▶ どんどん社員が増えて拡大する設計事務所。

　最初に出会ったのは、TTR設計の多田羅さんが会社員をやめて起業したときでした。「事務
所を探している人がいる」と、知り合いの不動産業者から紹介されました。

　10 坪足らずの、ひだまりあぱーと 1 号室に入居して、社員を含めて 2 人でのスタートでした。
3 年くらいして社員が増えたことから、隣接するパークハイム観光町 1 階 106 号室に駐車場 1
台も含めて移動しました。

　それから数年後、扇町の当社所有の物件を購入 + リノベーションして、本社ビルを構えま
した。会計士が同じで、両社のタイミングが一番良い時を見計らってくれたことが、後押し
になりました。

▶▶▶ 社員の働きやすさを考えた、コミュニケーションのとれる空間づくり

　各所に社員への配慮が散りばめられています。事務所のテーブルはコミュニケーションが取れるように対面式のテーブル、県外の会社とのモニター会議ができるスペース、設計事務所特有の大量の書類を整理するためのたくさんの棚を備えています。また、キッチンは社員で食事ができるようになっており、バーベキューのできる屋上スペースとも繋がっています。

　奥行 27m という細長い空間が効率的かつ開放感のある空間となっています。

▶▶▶ 秘めたる可能性に惹かれて購入。相性の良いテナントにめぐり合う。

　2014 年に、RENOWA-SAGINUMA を購入した際も、縁起がいいからと、関東進出を一緒に果たしました。さすがにもうこれで終わりかと思われた 6 年後、駅から近い所に移りたいと相談をうけました。たまたま見ていたサイトで「なんかこれ安くないですか？」と思った物件を紹介した所、とんとん拍子に決まって、馬喰町に東京オフィスビルを所有するに至るという驚き。ちなみのこの物件、値付け間違いで相場より安く買える事となりました。なにかとついてるやん！リノベーション工事と活用方法は、ブレーンのビーフンデザイン進藤さん、デザインは高橋さんが担当。事務所＋民泊も運営してます。

　業種は違いますが、同じような時期に起業して、頑張っているのを不動産という形で応援できたことは、私にとっても最高に幸せです！さあ、次はどこで、ご一緒させていただけるのか、楽しみにしておきます。

馬喰町のオフィス

ひだまり不動産の審美眼。

購入前に物件の価値を見極められないと大変なことになります。
サイアクなのは、高額を掛けてリノベーションしたのに効果がないこと。
サイコーなのは、もちろんその反対ですよね。

顔が良い物件

長く不動産業をやっていると、物件の "顔" が分かるようになってきます。街を歩いている時も、つい不動産目線で眺めてしまっています。「この物件、いい顔してるな。うちのデザイナーが手を入れたら劇的に変わりそう」とか…。

仕事の時だけでなく、こんな風に物件を眺めていると直感みたいなものが養われていく気がします。

顔にも好みがある

デザイナーはみんな個性的で、物件によって合う合わないがあるように感じます。それに、そもそもひだまり不動産にとって方向性が違う物件や依頼にも出会うので、そんな時は無理せずに他の会社を紹介するかお断りするようにしています。そうすることがお互いにとって良いと考えています。

審美眼が叶うとき

私には「ここがステキになること」「そのために、いくらくらい掛かるのか」「結果、利回りがどのくらいになるのか」は何となくみえるのですが、そこから先はデザイナーにお任せです。

写真はHIDAMARI APARTMENT HANAZONOのaoidoor。元々はシャッターをおろした普通のビルだったなんて思えません。うちのデザイナーの力で、パリで見たオシャレな古本屋そのものの姿になっています。

こういった大変身に結びつくことは、審美眼の賜物です。

『パリの本屋』で
検索してみてください。

第3章
〔賃貸リノベーション編〕
▶▶▶▶▶▶▶▶▶▶▶▶▶▶▶▶▶▶▶▶

デザインセンスの力。
ここを借りたいと
思わせるツボ。

今や、家は住むためだけの場所ではありません。
「欲しかった暮らし」が見つかるかどうか
敏感に察知しているんです。

ひだまり不動産のリノベーション。

「オシャレなリノベだと思ったら、ここもひだまり不動産物件なんですね。」
などと言っていただけるようになりました。
ひだまり不動産のリノベーション物件がブランディングされてきた成果だと感じます。

リノベーションとリフォームの違い

よく使う例えですが「リフォームはお化粧」「リノベーションは美容整形」と言えます。
ですので、工事の規模はリフォームよりもリノベーションの方が断然大掛かりなことが
ほとんどです。

リフォーム

老朽化した建築物を新築に近い状態に
戻すこと。つまり汚損、破損した部分を
修理したり取り換えたりすることです。
リフォームが目指すのは原状回復。マ
イナスからゼロの状態に戻すことです。

リノベーション

既存の建築物に工事を加え、プラスα
で新たな機能や価値を付けます。空間デ
ザインの改良をおこなったり、間取りや
内外装の変更などがあります。
マイナスからプラスを目指します。

古い物件にしかない味と今喜ばれるデザインのバランス

　古い物件の味を活かすことで独自性を出しています。とはいえ、水回りなどの清潔感が求められる場所は新調しておくことが大切です。これだけでも成約率が変わります。また、マイナスからプラスに変えるリノベーションだからこそデザインに頼る部分も大きいと感じます。経験から、デザインは必ずプロにお願いします。

お家を決めるときの主導権は女性が握っていることが多いので、キッチンの広さや使いやすさって大切です。

お風呂場やトイレって清潔感の象徴ですよね。内見の時の決め手になったりしますよ。

不動産中古物件の価格のひずみを突く！

　『使えないので解体するしかない中古物件』と思われている物件の中に『リノベーションでよみがえる物件』が隠れています。それこそ "磨けば光る原石物件" です。

使えない中古物件の価格内訳

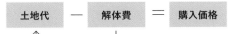

解体して新築を建てるよりも中古物件をリノベーションする方が「お得なうえに唯一無二の家になる！」そんなケースがあるのです！

購入後、解体せずにリノベーションすることができます。
その際、浮いた解体費はリノベーション費用に回します。

01 ひだまりアパートメント

香川県高松市観光町 536-1｜アパート｜住居・テナント｜構造 - 鉄骨ブロック造 2 階建て｜部屋数 -10｜築年数 -S4｜デザイン - 宮本由美

1つの人気テナントの出現が周囲を変え、地域を活性化させたお話。

『ひだまりアパートメント』は、ひだまり不動産創業
の地です。投資用として元々持っていたアパートを会
社名に合わせて名称変更した物件です。創業当時ひだ
まりアパートメントに入っているテナントは、ひだま
り不動産だけ。他は従来の居住用として利用されてい
る、ごく普通のアパートでした。

そんな「ひだまりアパートメント」をカフェのでき
る物件を探しているご夫婦が気に入ってくれたことか
らお話が始まります。

2006 年、ひだまりアパートメント 05 号室
でスタートした『ひだまり不動産』。夫婦で営
む小さな店舗ながら、多くのお客様をお迎え
し、物件探しのご相談からリノベーションの
打ち合わせなども行ってきました。事業規模
が拡大した現在でも、本社はここです。
事業は拡大、事務所面積は半分になりました。

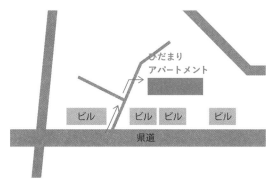

第3章

▶▶▶ 弱点を逆手に取る

ひだまりアパートメントは大きな通りから少し入った場所にあり、可視性は決して良くあ
りません。外観も一見古い住居用のアパートですし「こんな場所でカフェなんかやれるの?」
と言われてしまいそうです。

だからこそ「ここならいける!」と直感したのです。その理由としては

● 東京で隠れ家カフェが人気という情報から、流行に敏感な層をターゲットにできる。
● 香川県ではまだ『隠れ家カフェ』というジャンルにおける競合が少ない。(2012年当時)

▶▶▶ デザインで方向性を明確にする

『隠れ家カフェ』という方向性でデザインを依頼(デザイナー:宮本由美)。照明、家具、内
装の演出によって、レトロモダンで落ち着きのある雰囲気になりました。

コンセプトをしぼってデザインすることで、メッセージ性と統一感が生まれます。ファンの
付く空間とはこういうことかと思いました。

01号室：まんまカフェ

ひだまりアパートメント第一号テナント

ひだまりアパートメントの1階に、はじめてテナントとしてオープンし、あっという間に人気店になった「まんまカフェ」。2020年までの8年の間多くのお客様に愛され、観光町一帯が賑わうきっかけとなった想い出深いカフェです。

▶▶▶ 人気店の誕生

オシャレな空間と美味しい料理の相乗効果で、たちまち近所から遠方から、年代を問わず多くのファンの通う人気店になりました。

「え！こんな場所に、こんなオシャレで美味しいカフェがあったの！？」そんな嬉しい驚きはつい家族や友だちに教えたくなるものですよね。

人の流れが生まれると場所の価値が変わる

この「まんまカフェ」ができてから、ひだまりアパートメントの通路に、お客様の導線が生まれました。おかげで場所の認知度も高まったようです。

人の流れができたことで、今度は次々とテナントが入り、今ではひだまりアパートメントの10部屋中7部屋がテナント。閑静な住宅街でありながら、一歩入るとお店があり賑わいがある。そんな異空間のような雰囲気が人気です。

▶▶▶ オシャレなテナントが集まってくる

人気店の出現とともにひだまりアパートメントの認知度や好感度も上がってきます。居住用だった部屋が徐々にオシャレなテナントに入れ替わっていきました。

02号室：Hair＆Make Billow（ヘア＆メイク　ビロウ） ＼完全予約制、隠れ家的美容室／

website - www.hairmake-billow.com

「1日1組、完全予約制のプライベートサロンをやりたい」、「固定客がメインなので隠れ家的な店舗でも大丈夫。広さもそれほど必要ない」など、美容師であるご主人は最初からやりたいお店のイメージをはっきりお持ちでした。

05号室：ひだまり不動産オフィス Ver.2021 ＼DIY内装を更にリノベーション／

創業時にDIYで作りあげた内装を、空間デザイナーが再リノベーション。"新しくする"ことが目的ではなく、街に"イイ感じの景色"を増やしていくことがリノベーションにおいて大切なことだと考えています。

03号室：観光町皆川整体院

website - minakawa-seitai.com/

＼落ち着いた立地にピッタリの業種／

整体やマッサージは、他の業種に比べて必要な設備が少なく、目的客が来るので隠れ家的な店舗に向く業種です。

ご入居のきっかけは「新しく整体院を開店したい」とご相談に来られたこと。お話をお聞きするほど誠実なお人柄が垣間見えて、うちに合うと直感して03号室をご紹介しました。

人気店の出現から地域活性への流れ

| 人気店の出現 | ➡ | 建物のイメージUP | ➡ | オシャレなテナント増 | ➡ | 周辺の雰囲気が良くなる | ➡ | オシャレな人と店舗が集まって来る | ➡ | 地域一帯が人気エリアになる |

今や観光町一帯は、ちょっとした人気エリア。ひだまりアパートメントの中でも期間限定でオープンしている「ひだまりかき氷スタンド（p46〜）」は、年間1万人超えという集客を誇る、香川を代表する人気店になりました。

お洒落なテナントが入ると素敵な看板が出てエントランスも整うので、建物全体のイメージもアップします。

「パリのアパルトマンみたい」とお褒め頂くひだまりアパートメントの外観は、テナントの入れ替えがあるたびに徐々に手を入れ、現在の姿に変わってきたものです。

建物だけではなく周囲の植栽やウッドデッキ、サインディスプレイなど、｜ タルで心地よい空間になるよう意識しています。

ちなみに消防設備も整えているので、テナントだけでなく地域にとっても安心です。

ひだまり不動産の自分目線。

目標を定め、綿密な計画を立てて
一致団結して仕事をしている…ワケではありません。
自分たちが面白いと思うか、楽しいと感じているかどうか
それを大事にしていれば、イイ感じになるものです。

壊してしまうのがもったいない

面白いなとか、カワイイなと思う物件に出会って「これを壊してしまうのはもったいない！」と思えたら、何とかしたくなります。ご縁がない場合もあるのですが、自分たちの力で物件を生かすことができる場合は思いきってチャレンジしています。

幸せになれるお店がほしい

パン屋さんを筆頭に、地域に1つあるとみんなが幸せになれるお店というのがあります。見た目から、香りから、老若男女問わず足を運びたくなるお店っていいですよね。
美味しい、カワイイは、みんなを幸せにします。

隠れ家的存在って教えたくなる

「ねえねえ知ってる？あそこの道を曲がったら、美味しいお菓子屋さんがあるんだよ」って、教えたくなるような、ちょっとだけ分かりにくい場所に素敵なお店があるって、どうですか？大通り沿いにあるお店とは違った、隠れ家の魅力ってあると思います。

こんなお店も入ってくれたらいいな

いつでも普通の主婦の目線を忘れません。自分たち目線で「こんなのあると楽しいね、嬉しいね」って話しています。自分が欲しいと思うものと同じように思う人はたくさんいるものです。
次は、ガーデンショップ、フラワーショップも入ってくれたらいいなって思っています。

02 HIDAMARI APARTMENT SHIUN

ひだまりアパートメント紫雲

香川県高松市紫雲町 7-7｜マンション｜住居（ペット可、SOHO 可）｜構造 - 鉄骨コンクリートブロック造 4 階建て｜
部屋数 -8｜築年数 -S54｜デザイン - 高橋 めぐみ

お互いの満足のために、リノベの良さも悪さもわかってもらうお話。

リノベーション物件には、"リノベファン"に入っていただくことが、オーナーも入居者もお互いハッピーに生活するポイントです。

古い建物はどうしても、断熱性や遮音性などの性能面で、新しい建物に劣ります。リノベされた建物のデザインを愛し、弱点も味として飲み込める人に向いている物件です。最初の入居審査でその点をよく説明し、納得してもらってからご入居いただくようにしています。

▶▶▶ 部屋にいる時間を宝物に

　賃貸物件を手掛けるうちに「いつか引っ越すからこそ、この部屋に住んでいる時間、住んでいた思い出、その全てが宝物になるような賃貸を作りたい！」そんな夢を描くようになりました。

　そして出会ったステキな物件は、レトロな雰囲気のマンションでした。

▶▶▶ 全室デザインの違うプラン。ここにしかないという価値は大きい

　「賃貸だからって全部同じ部屋じゃつまらない。ずっと住む部屋じゃないからこそ、ここにしかない個性を打ち出したい」と、デザイナーが気合を入れてリノベーションプランを練りました。8部屋8通りのプランで、工事費は購入価格の約3倍もかかりましたが、それだけの価値は十分ある仕上がりだと感じています。

　このエリアは、本来は学生がターゲット。家賃相場も低めで、家賃は1部屋23,000円でした。それをリノベーション後、55,000円で募集。「そんな家賃で入るわけがない」と同業者にいわれたものの、工事中に満室になりました。それから12年間、家賃を下げるどころかじわじわ上げながら、満室で稼働しています。これもリノベーションの力です。スゴイ！

03 パークハイム観光町

香川県高松市観光町 533-1 ｜マンション｜住居・事務所｜構造 - 鉄筋コンクリート造 4 階建て｜築年数 -S60｜
部屋数 -24 ｜デザイン - 宮本 由美 ｜

1部屋ごとに雰囲気の違うリノベーションで、帰宅が楽しくなるお話。

『パークハイム観光町』は4階建てのマンション。ひだまりアパートメント（p84）と同じ敷地内にあり、2棟まとめて購入したものです。この2棟は緑の多い小路でつながっており、ベンチでおしゃべりできるコーナーは住民のくつろぎスペースになっています。

▶▶▶ 個性を尊重した部屋づくり

購入後、「選べるお部屋は楽しめるお部屋」をコンセプトに、3年計画でリノベーションを実施。空室がでるたび、部屋ごとに違った雰囲気の内装に仕上げました。目指したのは、住む人もわくわく、家に帰るのが楽しくなる住まいです。ネコの飼育もOK。

▶▶▶ 共有スペースの価値をつくる

エントランスロビーには、図書コーナーを設置しました。本棚にはひだまり不動産が用意した本だけでなく、入居者さんから寄付された本も多く並んでいます。ジャンルは専門書から文学全集、画集や漫画までさまざま。これらの本は、入居者が部屋に持ち帰りゆっくり読むことができます。

並んでいる本を通じて、他の入居者とのつながりも感じられる、そんな緩やかなコミュニケーションが育まれています。

04 川東菓子店

香川県高松市観光町 534-5｜戸建店舗｜菓子店｜構造 - 木造｜築年数 -S60｜デザイン - 宮本 由美｜website - kawahigashi.jp/

同じ敷地内にお店ができることで、集客の相乗効果が生まれたお話。

川東洋菓子店は、ひだまり不動産のはす向かいに位置する人気のケーキ店。一つ一つ丹精を込めたお菓子は芸術作品のように洗練されており、遠方からも多くのファンが訪れます。

▶▶▶ 全てはタイミング。理想の生活が明確なら運命の出会いが待っている。

「ひだまり不動産で気に入った物件があったのに、先に決まってしまいました。他に何かいい物件はないですか？」こういってひだまり不動産を訪ねてこられた川東さん。ちょうどこの戸建てを購入するタイミングだったので「ここがいいですよ！」とお勧めしたところ、川東さんも「ここでお願いします！」と即決。まさに運命的なタイミング。ご縁があったとしかいいようがありません。

これからの生活を考え、店舗と自宅が一緒にできるのもご入居を決めたポイントだったそう。ここで生まれ育ったお子さんも小学生。家族ぐるみのお付き合いが続いています。

▶▶▶ 道路からの視線も意識しての、看板やウッドデッキの設置。

洗練された雰囲気の戸建て店舗は、洋菓子店らしからぬ落ち着いた雰囲気。扉やケーキのショーケースなど、ところどころに和のテイストが盛り込まれ、調理台の上の照明器具などは、無国籍風にまとめられています。

店外は広いウッドデッキが敷かれ、植栽やすっきりしたデザインの看板、風になびく暖簾など、内外装トータルで上質な空気感を演出、道路からでも目をひきます。「素敵なケーキ屋さんがあったので入ってみたら、その奥に話に聞いていたひだまりアパートメントが。ここにあったんですね！」そんなお客様も増えており、観光町の看板ショップになっています。（現在はクレープ専門店）

▶▶▶ 地方都市では、駐車スペースは多くてちょうどいい。

実は一軒家を購入する際に、駐車場も買い増ししました。現在は同じ敷地内に約40台入る駐車場があり、『ひだまりアパートメント』全体での集客が可能になっています。高松のような地方都市では1グループが複数台の車で移動する事も多く、広い駐車場は必須です。

プレオープンの時、小さなケーキを沢山用意してもらいました。
それをひだまり不動産のイベントとして道行く人に配ってPRをしました。

甘いものはみんなを笑顔にします。
いつもみんながハッピーになるようにと考えて実行しているつもりです。
そして自分も楽しんじゃう！

05 R-HIDAMARI SAIHO-CHO
アールひだまり西宝町

香川県高松市西宝町3丁目 1-2 ｜マンション｜住居｜構造 - 鉄筋コンクリート造7階建て｜部屋数 -9｜築年数 -H3｜
デザイン - 高橋 めぐみ

エントランスを変えることで、建物全体のイメージを大きく変えたお話。

バブル時代の高級マンションが最低限のポイントリノベーションで、洗練されたデザインのマンションに。特にエントランス空間の配色やサインデザインの影響力は大きいと感じます。

▶▶▶ 時代に合わせてエントランスをリデザイン

1室80㎡以上とゆとりのある広さのファミリータイプのマンションです。閑静な住宅街ですが町中からもタクシーでワンメーターの距離。建設当時は銀行の支店長など、高属性の方々が住んでいたそう。

現在の姿からは想像しにくいと思いますが、購入時はエントランスの壁が濃いグレーで塗られていました。そこで、まずはエントランスの濃いグレーを白に塗り替え。ドアにはアイアンの装飾をつけ、マンション名称のサインもシンプルなものに変更しました。

▶▶▶ グリーンを取り入れて雰囲気アップ

エントランス横の駐車場部分は殺風景な印象だったので、アスファルトから枕木に換え、植栽を整えました。周囲にグリーンがあると建物全体の雰囲気が格段に良くなります。

一番目立つエントランス横には、シンボルツリーとしてアメリカフウの木を植えました。この木は春には瑞々しい新緑が芽吹き、秋になると真っ赤に紅葉するので、季節の変化も楽しめます。

予算が限られていたのでエントランスにポイントを絞った最低限のリノベーションでしたが、第一印象はバブルマンションから、洗練された瀟洒なマンションへと大きく変わり、デザインの力を感じました。

現在はペット可の賃貸住宅で、ひだまり不動産のショールーム（自宅兼用）も入っています。

▶ ▶ ▶ **自宅兼ショールーム**

　この R-HIDAMARI SAIHO-CHO には、私の自宅兼ショールームも入っています。企業コンセプト「欲しかった暮らしがみつかる！」をカタチにした、デザイナーのコダワリが詰まった空間です。

　「ここまでやり切れる現場は他には無いから」と、デザイナー＆職人チームが妥協を許さずに取り組んでくれました。おかげでどこを撮っても絵になる、お洒落なお部屋に仕上がっています。

　デザインだけではなく、リノベーションのショールームとして職人の技術も詰まっています。枠なしの仕様にこだわって作ったヘリンボーン柄の建具に、モルタルで作ったキッチン。8年経った今でもヒビひとつありません。床は無垢の輸入材です。表面の無骨さが味なので、看板ネコのマイケルがガリガリしても全く気になりません。

▶▶▶ 住み心地を確かめて、自信を持ってお客様にお勧めする

　自宅兼ショールームの良さは、実際に私が生活しながら部材や設備の使いやすさや耐久性を試せる点です。安心してお客様にお勧めできますし「実際の使用イメージがつかみやすい」とお客様にも好評です。

　人に見られることを意識して、極力荷物を増やさずシンプルな暮らしを心がけています。好きな仕事をしながら欲しかった暮らしも実現できて、本当に幸せだと思います。

▶▶▶ ペット可物件だからこその猫友

　我が家には、看板ネコ・メインクーンのマイケルがいます。ペット可物件なので他の入居者さんにも猫好きが多く、留守にする時にはお互いに世話を頼める『猫友』もできました。私は関東の別宅にいくことも多いので、この猫友の存在は本当に心強く、ありがたく感じています。気軽に声をかけられるご近所さんがいる。たったそれだけのことで、毎日の生活がずっと楽しくなります。

ペットと暮らせる賃貸

3世帯のうち1世帯がペットを飼っている日本。
ペット可物件を増やしていくことは必然かも。
ひだまり不動産は、ネコ飼育可物件を増やしてきました。

なんと、少子高齢社会ということもあって、15歳未満の子供の数よりペットの数の方が多くなっているそうです。また、室内飼育も年々増加傾向にあり、ペット可住宅の需要は高まっています。

▶▶▶ ネコの飼育OK物件

賃貸物件では、イヌよりもネコの方が嫌われる傾向があります。爪とぎをしたり、高所へ上ったりするイメージからでしょうか。

でも、自分自身がネコを飼っていて「ネコを飼っていて困ることってないんだけど」と思います。なので、ひだまり不動産では、物件によっては、『ネコ飼育可』にしています。

のりもととらさん

▶▶▶ ペット可物件にするメリット

● 他の賃貸物件と差別化できる。

賃貸物件は供給過多にありますが、一般的にはペットの飼育不可の物件が多い傾向にあります。そんな中、ペット可物件すれば、他の物件との差別化のひとつになります。

● 潜在的ニーズに応える。

実は「契約で禁止されているから飼いたくても飼えない」という人が割といます。賃貸だからという理由でペットの飼育を諦めている人にとっては嬉しい情報です。

● 賃貸物件の契約継続率を高める。

引っ越すにも新たにペット可物件を探すのは大変です。仕事場から遠いなどの多少の不便さよりもペットと暮らすことを優先してくれることが多く、結果的に、契約の継続率が高まります。

● 受けいれ可能なペットを指定できる。

「ネコのみ可能」とか「小型犬まで可能」など、受け入れるペットの種類はオーナー側で決められます。また、ペット数の上限を「2匹まで」など事情に合わせて制限することもできます。

とはいえ、ペット可物件にすることへのデメリットもあります。
鳴き声や匂い、アレルギー問題など…。ですので、安易にペット可にするのではなく、自分の物件に合っているかよく考えてみてください。

ひだまり不動産では、独自に『わんにゃん憲章』というペット飼育における規則を設け、内容の説明とともに、了承のサインをお願いしています。

わんにゃん憲章とは

物件には、ペットを飼育しない入居者も居住すること、アレルギーの方や動物の嫌いな方もいることを充分認識してもらい、種々のトラブルを未然に防ぐことを目的にしています。(以下、一例です)

● 飼育ペットの範囲は猫2匹までとします。その他のペットを飼育の場合は、借主様と協議の上、飼育を許可されたペットのみ飼育可能とします。

● 本物件入居申込時及び新規ペット購入時に、家族の一員として名前・写真付きでペット登録させていただきます。

● 退去の際に、ペットの飼育に起因する汚損・破損は全て入居者負担となります。

他にも、ペットの飼育環境保全に関する約束事も記載するようにしています。

06 RENOWA-SAGINUMA

リノワ鷺沼

今、『鷺沼サッカークラブ・鷺沼兄弟』が話題。
おかげで「鷺沼ってどこ？」が
「あのサッカーの鷺沼ね！」になりました。
たまたまの偶然ですが
こういうことになる確率が高い気がします。

神奈川県川崎市宮前区鷺沼 2 丁目 13-17 ｜
アパート｜住居、店舗、事務所｜
構造 - 鉄筋コンクリート造 3 階建て（1LDK×9 室内 1 テナント）｜部屋数 -9｜築年数 -S47｜デザイン - 高橋 めぐみ

高台の眠れるアパートがクリエイティブに目覚めたお話。

　神奈川・鷺沼。高台の住宅街で鬱蒼と生い茂る木々に囲まれ、何年も眠っていたレトロなアパートメントはリノベーションの力で息を吹き返すことができるのでしょうか。

▶▶▶ アウェーでの物件探しは難しい。それでも待てば海路の日和あり。

　「東京オリンピックを生でみたい！」東京で物件を探し始めたきっかけは、夫のなにげない一言でした。

　当時は『リノベ塾』などで東京へ行く機会も多く、東京と高松の2拠点生活に憧れがありました。その夢に向かって張り切って収益物件を探し始めたものの、私にとって東京は完全なアウェー。結局3年以上探してもピンとくる物件には巡り合えませんでした。

　そんなある日、都内の知り合いから「こういうの、お好きじゃないですか？」と紹介されたのが、このRENOWA-SAGINUMA。写真を見て一目惚れ。3日後には物件を見にいきました。

▶▶▶ 好みの広さ・形状・立地。そして資金面でのタイミングもピッタリ

　私がこの物件を気に入った理由は、まず古いRC（鉄筋コンクリート）の四角い建物が好きだから。次に、部屋の広さと数です。32㎡〜42㎡の部屋が9世帯、やはりこれくらいの広さと規模は欲しいと思っていました。敷地内に広い庭があるのも好印象。こんな庭のある物件は、高松でもそうはありません。加えて、鷺沼全体を見渡せる屋上スペース（冬場は富士山も見える）があるのも魅力でした。

　東京進出と言いつつも、東京都内ではなく神奈川県ですが、鷺沼は渋谷まで急行で15分程度。たまプラーザ駅から羽田空港までリムジンバスが出ており、新幹線でも新横浜駅から近いなど、アクセス面でも高松から通いやすい条件が揃っていました。

　エリア外でローン付けが難しい物件でしたが、たまたま個人で所有していた一番大きな物件を売却したタイミングで、手元資金があったのも幸いしました。

▶▶▶ RENOWA-SAGINUMA プロジェクト始動！

建物名は『RENOWA-SAGINUMA』。リノベーションの輪、という意味で名付けました。コンセプトは「自分らしく住む」「つながる」。

この建物に住む人それぞれが、このマンションから情報発信してSOHOのようなスタイルで住んでくれたら楽しい、とイメージしました。

建物は3階建ての9室で、1フロアに3室。1階は1部屋をコミュニティルーム、その横が私の自宅兼事務所、もう一つのお部屋は一緒に高松から出てきた構造設計の事務所が入りました。なお、構造設計の事務所は業務拡張で自社ビルを購入しました。

コミュニティルームは現在、SETOUCHI HIDAMARI-KAKIGORI 鷺沼店が入っています。

リノベーション後の外観

内覧会の様子

▶▶▶ お部屋を好きな色でペイントできる

1階の3室は最初から用途が決まっていたため、募集をしたのは2階・3階の6部屋です。基本は広々としたワンルーム。造作の棚やカーテンで間仕切りすることもできるので、1LDKとしても使うことができます。

リノベーションではあえて梁や柱をむき出しの状態にして、入居者さんが壁面を自分の好きな色で塗れるようにしました。これはDIY好き、リノベ好きのクリエイティブな人たちに情報を届けるための仕掛けです。

使う塗料は、オーストラリア製の塗料、ポーターズペイント。自然素材で微妙な色合いが美しく、塗るとざらっとした刷毛目がいい味。かなり高額ですが仕上がりが非常によく、お気に入りです。色は多すぎても迷うので、デザイナーがあらかじめセレクトした5色の中から選べるようにしました。

「あなただけの部屋」と感じてもらえるように色使いや手作り感を意識しています。

リノベーション物件を探して来てくれるお客さんたちは期待値がすごく高いと感じます。どこを切り取ってもカワイイ空間、つい「カワイイ」という言葉がもれちゃう空間を目指しています。

▶▶▶ コダワリのある人への発信に繁忙期は関係ない

　物件取得から完成までは、これまで経験したことがないような問題がいくつも起こり、工期も予定より伸びました。賃貸付けも、高松のように自社でやるわけにはいきません。どこに頼むか悩んだ末に、同じ沿線の不動産会社に専任で客付けを依頼しました。

　「繁忙期を逃してしまうかもしれない」と焦っていましたが、「こういう物件を選ぶコダワリのある人たちには、繁忙期は関係ないですよ。いつも情報をチェックしていて「これだ！」という物件が出たときにぱっと動きますから」と不動産会社の担当さん。確かに高松でもコダワリのある人たちは同じ傾向があります。幸い、私の心配は杞憂に終わり2〜4月にかけての繁忙期で6室すべてにお申し込みをいただきました。

　最近も募集サイトに詳細をアップしたのですが、なんとたった2日で問い合わせが10件。そして内覧初日に申し込みがありました。個性的な法人の社宅扱いで、入居いただく方も個性的な魅力があり、初対面とは思えないほど話が盛り上がりました。

DIYのススメ

　ひだまり不動産のリノベーション工事では、お客さんにも少しだけ作業をお任せしたりもします。予算削減のためではなく、以下のような目的を持っています。

お部屋作りを楽しんでほしい。

　あくまでも楽しめる範囲の作業量をお任せしています。自分の住む場所やお店に、作るところから関わるって楽しいことだと思います。

　自分で作った棚や、家族で塗った壁。思い出も愛着もひとしおだと思います。

DIYの便利さを知ってほしい。

　自分自身が作業に関わっていることで、完成後のメンテナンスへの意識が変わります。「ここの塗装がハゲてきたから塗っておこう」「錆止めをスプレーしよう」「棚のサイズが合わないから、ちょっと切ってみよう」などなど。

　業者の定期点検を待っていては遅いこともあります。住んでいる本人がメンテナンスの時期や方法を把握していることは、住居を長持ちさせることにつながります。

オンリーワンの味を大切にしてほしい。

　折角のDIY。プロみたいに上手く作ろうと思わなくて良いのです。塗装の刷毛目も自分たちで塗った方が、味わい深い表情になります。ぜひ、自分らしいものをつくってください。

DIYとプロの仕事のバランスをとる。

　そうはいっても、絶対プロに任せた方が良い作業というものがあります。経験と知識を基にアドバイスさせていただきます。

07 高松市兵庫町
商店街にある3階建てのビル

香川県高松市兵庫町 5-1｜構造 - 鉄骨造｜築年数 -S60

これから始まる「ボロボロのビルが生まれ変わって街を変える話」

　これは、これから始まる物語です。

　中々壮絶な物件ではありますが、リノベーションの力ですこぶる良くなる予感がしています。そして、朽ちゆくビルを"街並みまで変えてしまうような魅力的な物件"に生まれ変わらせた！というストーリーが始まるはずです！

▶▶▶ 出会いは突然に。経験と直感で購入決定

　2022年10月、わたしの変態チックな好みを熟知してくれている同業者から、物件資料が持ち込まれました。

　資料を見た途端「これだ！」と直感。何年も前から物件を探して欲しいと頼まれていた既存顧客の顔が脳裏に浮かびました。ちなみに購入ではなく、賃貸で借りたいという要望でした。

　借りたいという顧客がいる場合、その顧客に物件を確認してもらって改修費用と家賃を決めてから、購入するのが一般的。

　確認せずに購入するのがわたし。色々と理由はありますが、たとえその顧客が借りないという判断に至ったとしても、他に転用できるという確信があったからです。

▶▶▶ これから始まるリノベーション物語

　物件のひとつひとつに物語があります。今回の物件の物語もかなり濃いものでした。

　この物件、仲介業者は京阪神の不動産会社でした。契約書と重要事項説明書に記載されているおびただしい量の特約条項…。いかに中古物件の取引が難しいかを物語っています。

　それでも、中古物件の購入とリノベーションを続けています。それは、どうしようもないと思われる物件でもリノベーションすることによって生まれ変わることができる。さらには気の流れも変わり、物件周辺の街並みまでも変わっていく…。そんな経験を私自身が何度も目の当たりにしてきたからです。今はびっくりするほどのボロボロのこの物件も、例に漏れることなく生まれ変わるハズなのです。

　とはいえ、現在のところ未着手。コンセプトづくり、デザイン、リノベーション工事などなど、全部これから始まります。どんな風に様変わりするのかを楽しもうと思います！

これは世のため
人のため、自分のため

いいね！

2拠点生活を目指すなら ルーティン化

思い立ったらいつでも自由に動けるってステキ。
高松と鷺沼の2つの拠点。
いつでも身軽に行き来すれば、仕事の幅も知見の幅も広がります。

　RENOWA鷺沼（神奈川県）1階には、私の関東の自宅兼事務所が入っています。

　モルタル仕上げの壁に無垢材の床。大きなキッチンカウンターにはかき氷用のフルーツジャムの瓶詰が並ぶ、ナチュラルで洗練された空間です。

▶▶▶ 2拠点生活のコツはルーティン化

　憧れだった2拠点生活。だけど「移動が面倒で、結局行かなくなった」という話も耳にします。

　私の場合は、東京での仕事があろうがなかろうが「月に10日はここに滞在する」と決めてルーティン化しています。どうせいつだって忙しいのですから、最初から『鷺沼』とスケジュールに入れておき、後から入る予定を調整する方が簡単です。移動の時間は、読書をすると決めています。

▶▶▶ 生活環境を変えることで心身ともにリフレッシュ

　夫婦も10日間はお互い自由な時間です。仕事も一緒にしているので、別々の時間もあった方がお互いにリフレッシュできるというもの。この生活ももう8年目ですが、とても快適です。

　鷺沼に通うもう一つのモチベーションは、東京に住んでいる二女一家です。近況を報告しあったり、美味しいお店に食事に行ったりと、家族で過ごす貴重な時間になっています。

　思い返せば、この物件に住み始めた当時は『合宿』と称して、美味しいものを食べながら、起業で夢を叶えたい二女の話を聞いたり、相談にのったりしていました。

2拠点生活の
メリット！

● 流行をいち早く感じることができる。
● 行動範囲が広がる。
● 都会と地方の良いとこどり。
● 大人の一人暮らしは最高！

不動産コンセプター対談
- 全国の街づくりに繋がる不動産投資とは -

BE-FUN DESIGN の進藤強さんは TAKAMATSU-JAM4.5 のコンセプトを作ってくれた "いま話題" の一級建築士さん。これまでにうっちゃんとコラボレーション物件をいくつも一緒につくってきた長年の仕事仲間ということです。そんな業界の先陣を切る二人のコンセプターに、これからの不動産業界の展望、最新リノベーション、そして全国の街づくりのコンセプトについて語ってもらいました（編集部）。

BE-FUN DESIGN
進藤強さん

ひだまり不動産
内海芳美

＊進藤強 氏

1973 年兵庫県生まれ。京都精華大学美術学部デザイン学科建築専攻卒業後、設計事務所勤務を経て独立。2007 年に一級建築士事務所ビーフンデザインを創業。不動産サイト「SMI:RE（スマイル）不動産」の開設、ホテル事業の開始など、建築の枠におさまらない精力的な活動を展開する。日本テレビ系『ZIP』、TBS 系『王様のブランチ』の放映などメディアからも注目を浴びている。受賞歴として「グッドデザイン賞」（2021 年ほか計 3 回）、「東京建築賞」（優秀賞ほか計 7 回）、「これからの建築士賞」など多数。監修書に『月々のローン返済を軽くする 賃貸併用住宅』（スタジオタッククリエイティブ）がある。

一級建築士事務所 ビーフンデザイン（BE-FUN DESIGN） http://be-fun.com/

＊内海芳美

本書の著者。香川県生まれ、不動産大好き主婦。2006 年に夫と 2 人で株式会社ひだまり不動産を設立。2015 年にはひだまりかき氷スタンドをオープン、2014 年には神奈川県にも事務所を設立、活躍の場を広げている。中古物件をデザイン性の高いリノベーションで人気物件へと変身させ続ける。常に一足先を行く投資を手掛ける。

う：内海芳美　進：進藤強

Q 香川県の不動産屋と東京の建築士、2人の出会いは？

進：投資家向けのセミナーにお互い講師として呼ばれて、そこで話したのが最初かな。話したっていっても、挨拶くらいだったけどね。

う：そうそう。進藤さんは新築でウチはリノベーション。お互い「何となく知ってるけど違う業界だな～」って感じだったよね。

Q 何がきっかけで一緒に仕事をするようになったのですか？

う：愛媛の投資家仲間がアパートの新築で困ってるのを知って「東京に面白い設計士さんがいるから紹介しよか？」って話したんよ。進藤さんのことは、年賀状に「新築やりまっせ」って書いてたのが印象に残ってたんよね。

進：年賀状にひとこと書くって重要だね。それで思い出してもらったんだから。

Q 愛媛の新築アパートはうまくいきましたか？

進：うまくいったよね。それに、その後に何棟も設計をさせてもらったよ。

う：ひだまり不動産とのコラボみたいな感じのもしたよね。

進：ぼくが建築士としてハコをつくって、内装をひだまり不動産のデザイナー高橋さんに担当してもらったりもしたね。
　愛媛の新築アパートの仕事は、ぼくにとって初めての東京都外物件だったから、コラボすることで感覚的な面でも助かったかも。

Q 地元の不動産屋とコラボする利点は？

進：例えば「こういう間取り、東京ではアリなんだけど、愛媛や高松ではどうなの？」とか「このアパートで家賃 65,000 円て、感覚的に高いの？安いの？」みたいなところかな。

う：そういうのは、そこで生活している人じゃないとつかめないよね。

進：なので、地域的な感覚を備えたひだまり不動産がサポートしてくれたのはスゴく安心できたよ。

Q どんなアパートが完成したのですか？

進：地方都市ではフラットの大きな部屋が好まれるんだけど、この物件は土地が狭くてそれができなかった。それで、建物を縦に分割することにして、1階吹き抜けの3階建てにした。

う：テレビにも取り上げられて、入居したらヤセる家ってキャッチフレーズがついたよね。どうしても階段をのぼったり降りたりしないといけない間取りなんでね（笑）

進：東京では珍しくない建物だけど、地方にはないので「一度は住んでみたい」って思ってくれるみたい。

う：地方の狭小地を活かした好事例かもね。

進：前から「他の人が買わないようなのを買わないと勝負できない」って思ってる。他人が買わない土地を安く買ってもらって、建築でそれを解決する。地方での不動産投資でも同じだよね。

ビーフン x ひだまり

Q 個性的な物件。どうやって募集をかけたのですか？

進：ぼくは大家さん自身がブログで物件を発信をすることを勧めてて、愛媛の物件はそれを
しっかりやってくれた。嬉しかったな。うっちゃんもブログを続けてくれてるよね。

う：あんなブログでいいかわからんけど、続けてるよ（笑）

進：東京だと色んなタイプの不動産物件サイトがあって、中にはデザイン的な物件専門のサ
イトも存在する。でも、地方だとデザイン物件に特化したサイトなんてないので、ぼく
らが手掛けるような〝個性的な物件〟の魅力を伝える場所がないんだよ。

う：そうね。PR できるサイトは自分でつくるしかないよね。個性的な物件ほど、大家自身が
物件の部屋の様子や魅力をブログで発信していくことが必要なんよね。

ブログ

Instagram

Q 大家自身で募集する時のコツを教えてください

進：不動産屋と相談して、戦略的に見学ルートと話す内容を決めてた。物件が一番魅力的に
見える時間帯に見せたい角度から案内する。そうすることで、「ここステキ！」っ感じて
くれる。そしたら絶対契約してくれるんだよね。売る側が物件の魅力を把握して、尚且
つ伝える手段を徹底することかな。

う：進藤さんが描いた図面が完成すると「うわあ！すごいやん！」て、びっくりするよね。めっ
ちゃ尖っててデザインが飛びぬけてるんよね。

進：ぼくが作る物件は多くても 10 室くらいまでだから、そのくらいの人数なら「ここに住みたい」って思う人がいるもの。いわゆる人気の間取りを気にするより、他にないものを作った方が契約に結び付く時代だって思う。

う：ちょっと住みにくいところがあっても、好きだから住んでみたい。そう思えるのは賃貸だからチャレンジできる強みよね。

Q 都外の物件を設計する時に困ることはありますか？

進：愛媛の物件でいうと、水圧の問題かな。東京に比べて水圧が低いらしく水回りのレイアウトで悩んだな。あと、四国だと駐車場がない物件が弱いって知らなくて…。

う：まあ、四国では車がないと生活できんからね。地方ルールみたいなもんかな。
他にも、想定していたように生活してくれるとは限らないってのもあるよね。「こう使ってくれたらいいのに」って思っていても、中々そうはいかない。

進：難しいよね。東京でのやり方ではできないこともあって、1 棟目で気付いた問題を 2 棟目3 棟目で解決していく。結果、その町にしかない形ができ上っていくんだなって思う。

ビーフン x ひだまり

Q 地域ごとの違いで思うことはありますか？

進：横浜や神戸、それに北海道や沖縄でも建ててるんだけど、「こうしたら売りにくいからやらない」みたいな、それぞれの地方での不動産屋の常識がある。例えば北海道とかだと「ロフトは寒いから NG」みたいなね。

う：でも「ロフトがあるから住みたい」って思う人もいるよね。

進：そう、絶対いる。でもそういう地方ごとの常識や先入観って強くて、建築士が提案しても実現しにくい。なので、まずは一度ぼく自身が思うように作ってみようかなって思ってる。

う：こういうのもイケるんだっていう前例が 1 コあると、みんなも分かるよね。

Q 作る家の共通点は何ですか？

進：共通点としては、ぼく自身が住みたいと思う家かどうか。マーケティングはやらないし、すごく尖ってるけど、ぼくが住みたいと思うのを同じようにいいって思う人は一定数いるものだよ。

う：私も、今はそういう作り方いいと思う。今の人は自分の価値観を大切にしてるからね。それに他と違う建物の方が、周囲の家賃の値下がりにも影響されにくいって強みもあるよね。

進：プラス、店舗併用にしたり、特典みたいなのを用意しておくことで、更に周囲の値下げに影響されにくくなるし、入居希望者も増えたりする。

う：単純に住む場所を作るだけじゃなく、プラスアルファを考えていく時代かもね。

Q 進藤さんが自分の物件を持つようになったきっかけは？

進：昔は人の物件の設計だけだったんだけど、うっちゃんに「自分で設計して、自分の物件を持ったら楽しいんちゃうん」て言われたことがあったよね。

う：設計だけじゃもったいない。後に残る物件を持ってたらいいんちゃうかなって思って(笑)

進：うっちゃんは投資の師匠なの。うっちゃんがやってるのを見て、自分が建てた物件の募集をやってみようかなって思うようになって、その次に「ぼくも買ってみたいな」と思うようになった。そんな流れかな。

そこはやはり、進藤さん自身で設計したのですか？

進：最初に購入した物件は、ぼくが施主になって、うっちゃんにリノベーションをお願いしてみた。細部のディティールや工事なんかはうっちゃんの方が得意なんでね。

う：内装デザインは高橋さんだったよね。

進：それ以降も、設計とかコンセプトとかの大きなところはぼくが作って、細かいとこはうっちゃんにお願いする、そういうやり方をしてきたよね。

う：TAKAMATSU-JAM4.5 でも大きなコンセプトは進藤さんに作ってもらったよね。

TAKAMATSU-JAM4.5 のコンセプトは進藤さんがつくったのですか？

進：コンセプト作りは得意だからね。その後のデザインはうちの事務所の松本悠介くんに作ってもらって、中身の細かい所とか工事の監督とかはうっちゃんが得意だからお任せ。最初のコンセプトとかの設計後に高松へ一回も行ってないのに、ほとんど設計した通りにできていて「平面図しかなかったのに、ほんまにできてる！」ってビックリした！（笑）実は、現場を全然見に行けてなかったから「作りやすいように儲かるように変わってるかも」とも思ってた。それも仕方ないと思うし、よくあることなんで。

TAKAMATSU-JAM4.5 にて

う：TAKAMATSU-JAM4.5、形にするのはホント大変だったんよ〜。

進：うっちゃんの偉いところは「私はデザインのことは分からんから、デザイナーに任せよ
う」って言って、ホントに任せるとこ。ぼくらは何百とデザインをしているから、数棟
しかやってきていないオーナーさんよりは色んなものが見えてるんだよね。
もちろん、意見してもらうのは歓迎なんだけど、最後の最後はぼくらを信じてもらうし
かないって思ってる。

Ｑ 進藤さんが設計士として大切にしていることは何ですか？

進：指示を仰いで設計をするだけじゃなく、どういうビジネスをどういうプロジェクトとし
て成立させるかを考えていかないといけないと思ってる。そのために、賃貸だけじゃなく、
ホテルや飲食店に関する法律も調べておいて、いざって時にどれにでも転用できる設計
をしてる。

ビーフン x ひだまり

う：今の時代、賃貸物件がこれからもずっと賃貸物件でいける保証はないもんね。いくらあれば、賃貸を飲食店に変えられる、みたいなのがあれば安心やね。

進：想定外のことは起きないってくらい、思いつく限りの想定をしてる。流石にコロナの想定はしてなかったけど（笑）。それでも、コロナの影響を受けたホテル物件は、すぐに共同住宅に替えることでリカバーしたけどね。

Q　コンセプトをつくるうえで大事なことは何ですか？

進：経営のことも考えられて、かつコンセプトもしっかりしてること。バランスかな。

う：コンセプトだけで経営がしっかりしていないと続けられない。潰れちゃったんじゃ意味がないよね。あと、コンセプトはいいのに、デザインがダサいのもいやよね。

進：そりゃそうよね。物件があって、コンセプトと経営戦略があって、それにあったデザインがある。
　必要なブレインの配置も考えられると更にいいと思うよ。

ビーフン x ひだまり

Q コンセプターがやるべきこととは？

進：これからは「設計だけできます」「飲食だけできます」「アパレルだけできます」みたいなやり方では難しいと思う。ぼくは何にでも興味があるんで、気になったことは色々調べてる。

う：そうやってると、将来儲かりそうだけど今はまだないものを見つけられたりするよね。

進：今すぐ儲かるものはすぐだめになる。流行りの物に直ぐ飛びつくんじゃなくて、将来的に伸びるであろうものをちょっとずつ育てられるようなコンセプターがいいよね。

う：大家にとっても、入居した人のビジネスが上手くいかないと困るのよね。最初はこんな風にスタートして、次にこんな風にお店を広げて、そしたら、家賃はこのくらいアップするみたいな感じで、お互いが得するようにしたい。

進：物件のオーナーになることで考え方が変わったかも。面白いことだけやっていたら、入居者が入らない。設計の価値も家賃も下げず、それでも安いって思われるようなコンセプトや提案を考えられるようにならないと。入居者自身が、楽しいとか、シェアできるとか、色んな仕事の仕方ができるとか、そういう付加価値を作ってあげることだね。

Q これからやってみたいことは？

進：うっちゃんは半分東京で半分香川にいるでしょ。そうすると見えるものが違ってくるんだと思う。そんなことから、47 都道府県それぞれで見えることをまとめていくのも面白いなって思う。

一級建築士事務所ビーフンデザイン

う：それは面白そうね。交換留学みたいな形式でもいいし、地元の人との交流とかもあると
　　いいね。同じ場所でずっと住んでると見えないものってホント多いからお互い刺激にな
　　ると思う。

進：ぼくは、全国 47 都道府県全部を、世界から見て行ってみたいと思える観光地にする以外、
　　日本の産業の可能性はない気がするんだよね。自分の街で何ができるか、どうやれば面
　　白いことを自分の街でもできるかについて考えられる人材を育てられたら、実現できる
　　と思うんだよね。

う：不動産も建築も街から切り離せないものだから、街が面白くなることで、一緒に盛り上
　　がっていけるよね。

Ｑ これからの不動産投資についてどう思いますか？

進：どんなことをやっても儲かったらいいって金儲けだけを追究する考え方では難しい時代
　　がやってきてると思う。土地も高くなっているしね。それよりも、地元に対する愛が根
　　底にある人がこれからの不動産投資には必要だと思う。「街を愛してる人が大好きでやる
　　んだけど、結果的に儲かった」ぐらいのスタンス。

う：コンセプトにしても、忍耐力にしても、すぐ請けようとするとうまくいかなくて、理念
　　があって「ぜったいこうやりたい！これを求めている人がきっといる」って仮定して目
　　指していく人の方が成功する時代かもね。

進：そういうことを 10 年かけてやって、今成功してるって事例はたくさんあるよね。地道にやっ
　　てきた結果だけを見て、それをやろうって真似しても上手くいかないのがあたりまえだと思う。

う：逆に、成功しているとこだけ見て、自分にとって遠い話のように感じたとしても 10 年貫
　　いたらできることだってあるってこと。

Ｑ 不動産投資にはどんな将来性があると思いますか？

進：世の中を良くするっていう社会的な視野も持ちつつ、ちゃんと経営力もあることが求め
　　られてるよね。実はちゃんとした不動産投資を続けていくことは、結果的にまちづくり
　　に繋がるんだよね。世の中を見て「必要だな」「面白いな」ってものを増やしていくこと
　　になるんだから。

う：私も地元が好きっていうのが根底にあるんだけど、とは言え、街づくりだけを強調してるケースって先へ進まないことが多いなって感じる。やっぱりお金は儲けないと。お金が儲かると人も集まってきて、それが動力になっていく。エンジンが動いていないと結果的に何もできなくなっちゃう。

進：次に繋ぐためにも、ちゃんと経営として成立する仕組みが必要だよね。かといって今どき「その時儲かればいい」とか、「嘘ついてでも契約する」みたいな消耗する儲け方じゃ信用をなくして、長い付き合いを目指すとすれば損なだけ。そもそも、そんな人間関係で街が良くなるわけがない。

う：自分も儲かって、街も良くなる。そして、街が良くなったから不動産需要も増える。で、いつの間にかまちづくりに繋がってるっていうのがいいね。

不動産投資は街をつくることに繋がっています。
自分の住む街を、もっと楽しく面白く、住みやすい場所にするためにチャレンジするのもアリですね。

うっちゃんの次なる妄想

現在計画中…妄想中のお話です。
2022年2月、同業者の変態営業マンから、
とある物件情報が舞い込みました。

TAKAMATSU-JAM4.5の工事真っ最中で、
もう大掛かりな工事はやりたくない
＆それなりの大きさがある物件じゃないと世界観を
表現できない。と感じていた絶妙なタイミング。

なんと瀬戸内に浮かぶ「島案件」。
いつものように妄想が止まりません。
しかもそれなりに大きい！
いかんいかん、今はいかん、と振り払う。
買わない理由も買えない理由もなんぼでもあります。
2022年10月末日。まだ購入に至っていません。

でも、きっと買います。
なぜなら、妄想が止まらないから。

第4章

▶▶▶▶▶▶▶▶▶▶▶

あきらめる前にチェック。
補助金・助成金認可
のヒント。

「お金がないからできない」なんて
つまんないじゃないか。
自分の未来は自分で切り開くのだ。

どんな事業を始める場合にも、資金は必要！
始めるため、続けていくためにどんな費用がどれだけ
必要なのかちゃんと知っていないとね！

「お店を始めたい！」そんなあなた、
具体的にどんな費用が発生するのかを考えてみてください。

▶▶▶ 開業資金として準備しておきたい金額

			3ヶ月以上	3ヶ月以上
店舗賃貸契約費	円			
家賃(3-6ヶ月分)	円		運転資金※	生活費
リノベーション費	円	+	円	+ 円
設備購入費	円			
会社設立費	円		合計	円
広告宣伝費	円			

※環境、職種によって上記以外の費用も必要になってきます。
事前にしっかり調べてみてください。

▶▶▶ 運転資金とは

　事業運営をしていくうえで必要となる費用をまかなう手元資金のことです。
例えば、材料費、仕入費、人件費、交通費、家賃、水道光熱費などです。

運転資金のパターン

経常運転資金

経営を続けていくために通常必要となる資金のことです。仕入費、人件費、家賃などが
含まれます。これが足りないと経営自体ができなくなる場合があります。

増加運転資金

事業を拡大するときに追加でかかる資金です。例えば、お客さんが増えてきたので仕入
を増やしたとします。でも実際にお金になるのは商品が売れた後になりますよね。その
タイムラグをつなぐための運転資金のことです。

減少運転資金

事業を縮小するときにかかる資金です。事業の売上が減少しているときに、仕入費用、
人件費の支払いなど固定費の穴埋めをするときに必要になる資金です。

季節性運転資金など

毎年決まった時期に必要となる追加の運転資金です。従業員の賞与や季節商品（クリス
マス・バレンタイン商品など）の仕入れなどです。

一言に資金といっても色んなパターンがありますし、更なる設備投資や、災害時の復旧のための資金なども必要になる場合があります。

設備資金
事業を行ううえで必要となる資産（製造設備・土地 / 建物・車両・EC サイト構築など）を購入するための資金です。

災害復旧資金
災害時に発生する突発的に必要となる資金です。

　また、運転資金は変動費と固定費に分けられます。その違いも意識して、運転資金の計画を立てておくことも大切です。
　折角オープンしたお店が、半年やそこらで閉店しまうなんて悲しすぎます！
　大きな夢がある人ほど、早め早めに調べて考えて、貯金を始めてください！

変動費	固定費
材料費、仕入費、商品の運搬代など、売上の増減によって変動する費用のことです。生産量・販売量を上げるためには、その分製造原価や商品仕入を増やす必要があります。売上高と比例して増加させることになります。	売上高の増減に関係なく、一定でかかる費用です。人件費、家賃、リースなどがこれに該当します。売上 0 でも発生してしまう費用ともいえます。

チャンスはいつやってくるかわからんけんね。そのためにまずは貯金だ、貯金！

しっかり貯金をしたうえで
融資や補助金・助成金も活用してみましょう！

時には、外部から運転資金を調達したほうが思いきった開業や事業拡大を見込めて良い結果を生むこともあります。
調達方法としては「日本政策金融公庫からの融資」「民間金融機関からの借入れ」「補助金・助成金の活用」が大きくあげられます。
他にも、ビジネスローンを利用したり、親族から借入する方もいます。

次ページからは「補助金・助成金」について詳しく説明します。ひだまり不動産も何度も活用させてもらいましたし、そのお陰で "自分たちだけでは到底できない規模" の事業をやりとげることができたと感じています。

補助金？助成金？

補助金や助成金は、中小企業の強い味方です。
どちらも原資は税金で、原則として返済不要です。
創業支援、設備投資、雇用関係、コロナ関連など非常に多くの種類が
あります。ただ、あまり知られていないのが実情です。

‖補助金とは‖

　企業が成長し、産業が活性化することを目的としています。国や地方自治体が予算を組んで交付するものなので、申請したからといって必ず受給できるワケではありません。

　事業内容と使用用途が政策に沿っているかを審査があり、事業計画書やその他書類の提出を求められます。

注意点

01 申請期間も実施期間も短い…という場合がある。

　公募から申請締め切りまでの期間が短いこともありますので、例年どんな補助金が、何月ごろに出ているのかを調べておきましょう。早めに準備に取り掛かることができれば安心です。

　実施期間は 1 年未満のものがほとんどです。基本、交付決定後から指定された実施期間終了日の間に、実施・支払い済の事業費のみが対象となります。自分の事業が実施期間内で可能かどうかをスケジューリングしておきましょう。

02 審査があり、受給できない場合がある。

　毎年、予算が決まっています。そのため、申請企業が多い場合は競争率が上がり、時には採択立 10％ということも…。補助金の目的に沿った明確で論理的な事業計画書づくりが求められます。

03 補助金は後払い。そして時間がかかる場合も。

　申請者が事業費全額を一旦支払う必要があります。領収書と支払内容などをきちんと保管し、報告書類とともに提出、確認、さらにその後日に補助金が振込まれます。事業費全額立て替えられるだけの資金確保、また、要綱をよく読んで正確な領収書や報告書づくりを心がけましょう。なお、補助金の中には数年間の報告義務があるものも存在するので、要注意です。

04 補助を受けられるのは 1/2、2/3 など、事業費の一部。

　補助金には　自己負担分があります。事業費全体の費用を補助金でまかなうソウ じはありません。最終的な自己負担分を計算し、自分に合った金額で申請することをお勧めします。

※補助金・助成金によって要綱が違います。必ず確認してください。

補助金申請から受給までの一般的な流れ （補助金によって異なります）

事業内容の審査と
対象経費の妥当性確認

補助金申請 → 審査 → 採択 → 交付決定 → 申請内容に沿って事業実施

不採択

事業完了 → 報告書提出 → 補助金額の確定検査 → 補助金対象経費認可 → 給付申請 → 入金

申請事業と
支払いの完了

報告内容が
申請した事業と異なるなど
問題があると補助が
取り消される場合もあります。

補助対象額決定

‖助成金とは‖

雇用や労働環境整備、労務問題改善にむけた取り組みに対する支援です。

研究開発や設備投資のための助成金もありますが、それも経営の安定による雇用促進と維持、人材育成、労働環境の改善を期待してのことです。

補助金と大きく違うのは、審査がなく、要件を満たせば受給できるところです。

注意点

01 受給のための要件が厳しいものもある。

申請書類や添付書類の確認があり、要件を満たしてなければ不支給の通知が届きます。申請すれば必ず受けられるものではありません。要件の例としては「必要書類が不備なくそろっている」「雇用保険適用事業所である」「労働保険を納めている」「労働関連法規に違反していない」「過去の不正受給の有無」などがあります。

02 予算枠がきまっている場合もある。

予算が決まっているものもあり、その場合、先着順だったりします。早めに確認しましょう。

03 基本的に後払い。雇用関係は更に注意。

補助金同様、後払いです。雇用関係の助成金の場合、一定期間雇用した実績を示して申請することになっています。

助成金申請から受給までの一般的な流れ（補助金によって異なります）

助成金申請 → 実施 → 支給申請 → 入金

まとめ 補助金と助成金の違い

	補助金	助成金
主な管轄	経済産業省、地方自治体など	厚生労働省、地方自治体など
目的	企業の成長 / 産業の活性化	雇用や労働環境の改善
受給条件	申請内容の審査 / 予算額に上限	給付条件を満たせば受給できる

「補助金や助成金をとった」
という実績は
それだけ事業内容や事業計画が
しっかりしていたという証拠。

補助金を交付する
県や市、国などから
太鼓判を押してもらった
ともいえるのです。

‖ひだまり不動産の補助金・助成金活用実績‖

新規創業助成金

　創業時に申請した助成金です。こちらは1県に1事業者のみ受給できるものですが、運よく受給できました。創業時にはなにかとお金がかかるので非常に助かりました。受給した500万円を活用し、社用車のビートルなどを購入しました。

高松市の『頑張り補助金』

　前向きに頑張る事業者を応援する総合補助金ともいいます。
　TAKAMATSU-JAM4.5「みんなのキッチン」の設備費用で申請しました。
　シェアキッチンの設備購入資金として300万円の枠で申請、交付されました。

事業再構築補助金

　コロナ禍の長期化により、経営不振となった事業者が、新規事業への挑戦を行う場合に給付される補助金です。
　「TAKAMATSU-JAM4.5プロジェクト」で申請して採択されました。
（次項にて詳細）

　補助金・助成金の概要を書かせていただきましたが、「そもそも自分の考えている事業が、補助金・助成金の対象になるのか？」「どこから申請書を作り始めたら良いのか？」などなど、初めての方にとっては、分からないことばかりかもしれません。
　まずは、国や地方自治体の支援機関で相談してみるのも良いと思います。

相談できる支援機関	商工会・商工会議所、よろず支援拠点、税理士、税理士法人　公認会計士、中小企業診断士、金融機関　など

事業再構築補助金
TAKAMATSU-JAM 4.5プロジェクト

「TAKAMATSU-JAM 4.5 プロジェクト」で申請し、採択された『事業再構築補助金』について
ご紹介します。私たちが申請したのは第 1 回の事業再構築補助金でしたが、すでに第 7 回目を迎
え（2022 年 8 月現在）、審査基準や受給額などもその都度大きく変わっているようです。

　ここからは、第 1 回事業再構築補助金申請までの流れと、採択のポイントは何だったのか
を振り返ります。現在の基準にそのまま当てはまる内容ではないかもしれませんが、少しで
も参考になれば幸いです。

---------------------------------- 事業再構築補助金とは ----------------------------------

　新型コロナウイルス感染症の影響が長期化し、当面の需要や売り上げの回復が期待しづらい中、ポスト
コロナ・ウィズコロナ時代の経済社会の変化に対応するために中小企業等の事業再構築を支援することで、
日本経済の構造転換を促すことが重要です。
　そのため、新分野展開、事業転換、業種転換、業態転換、又は事業再編という思い切った事業再構築に
意欲を有する中小企業等の挑戦を支援します。

事業再構築補助金の申請要件

① コロナ禍の影響によって売上が減少していること
② 新分野展開、業態転換、事業・業種転換等、指針に示す「事業再構築」を行うこと
③ 認定経営革新等支援機関（国の認定を受けた中小企業診断士、金融機関等）と事業計画を策定すること

（中小企業庁、事業が再構築補助金サイトより）

事業計画の策定にあたっては中小企業診断士に依頼

　事業再構築補助金では、『認定経営革新等支援機関』と相
談しながら、事業計画を策定することが必須要件になってい
ます。

　事業再構築補助金は額も大きく、審査も厳密なので、最初
から信頼できる中小企業診断士にサポートを依頼しました。
餅は餅屋、やはり専門家は補助金を通すコツをつかんでいる
ものです。

　また、申請内容は良くても、申請書類の不備・不足により
不採択になるケースも非常に多いそうです。

　私は細かい書類作成は不得手なので、その点でも専門家に
お任せする方が安心です。

自分の不得意分野を
知っておくのって大事！
専門家に頼ってみるのも
いいですよ。

やりたいことと、補助金交付の目的との整合性をとっていく

『第 1 回目事業再構築補助金』の存在を知ったのは、「ＴＡＫＡＭＡＴＳＵ-ＪＡＭ 4.5」の独身寮部分のプランを考えあぐねていた時期でした。

補助金の趣旨に「新分野展開、業態転換、事業・業種転換、事業再編又はこれらの取組を通じた規模の拡大等、思い切った事業再構築に意欲を有する中小企業等の挑戦を支援する」とあり、ＴＡＫＡＭＡＴＳＵ-ＪＡＭ 4.5 の取り組みに合っていると感じました。

そこで、思い切って申請してみることにしたのです。

申請にあたって、補助金に強い中小企業診断士にサポートを依頼。初回の打ち合わせでは、まずはこちらのやりたいことを全部聞いてもらいました。アウトプットは大切です。口に出していくうちに、私の頭の中もどんどん整理され、やりたい事業内容が明確になっていくのがわかりました。

事業を整理し、ストーリーをつくる

補助金を活用する事業内容のストーリーを考えます。「この事業への思いがどこにあるのか」「どんな成果があって、社会へどんな貢献ができるのか」などを分かりやすく伝えるためです。

申請書の記載に大きな矛盾があったり、何をやろうとしているのか伝わらないようでは、採択される可能性はありません。まずは自分の中でストーリーを組み立て、それを誰かに聞いてもらいましょう。そうすることで、より具体的な事業内容ができあがってきます。

そして私の話や資料をもとに、中小企業診断士の先生が申請書をまとめてくれました。完成した申請書は「なるほど！」と唸るくらい、読みやすくわかりやすく整理されていました。事業内容だけではなく、「申請書の読みやすさ」も実は重要なのです。

「業界について知識のない人にも事業内容がすっと入ってくる申請書」をつくるなんて、素人にはどうすればいいのか分かりませんよね。それこそ専門家の成せる技だと感心しました。

読みやすさのコツは、審査員の目線になること

想像してみてください。審査員は、何十件、何百件という申請書類を読むことになります。

それも、基本的には自分とは異なる職種、初めて聞く計画ばかりです。

だらだらと長文で説明していたり、専門用語が並んでいたりすると内容なんて入ってきませんよね。例えば、「内容ごとに区切り、タイトルをつける」「箇条書きをつかう」「強調する部分は『』や太字を使う」「写真や図表などを使い、視覚的に伝える」などの方法があります。

補助金には申請要件が設けられています。事業再構築補助金の場合は **①売上が減っていること②新分野展開、業態転換、事業・業種転換、事業再編に取り組むこと③認定経営革新等支援機関と事業計画を策定すること**があります。

この要件が満たされないと、申請資格自体がなくなってしまうのです。

そうなると、もし今回の取り組みを単純に「不動産会社が、独身寮をアトリエに転換する」と捉えられてしまうと「今までやって来たことと同じでしょ？」という評価になってしまいます。それでは、**②の「新分野展開、業態転換、事業・業種転換、事業再編に取り組むこと」**という要件外になり、申請資格者からも外れてしまいます。

そこで、先生のアドバイスにより「アトリエ」だけではなく、計画にある「DIY 工房」についての説明を加え「モノづくり」というコンセプトを前面に押し出すことにしました。

POINT

審査基準を押さえる

補助金（助成金にも）審査基準という評価軸があります。「新規性」「有効性」「効率性」「実現性」「公益性」「地域性」「将来性」などがあり、補助金（助成金）の目的によって異なります。審査員は、この審査基準に照らし合わせて判断するので、申請書をつくるときには必ず意識しましょう。

熱意を伝える

理論に加え、新規事業にかける情熱をしっかりアピールすることも重要だと思いました。多くの応募がある中で「税金を使ってでもこの事業を応援したい！」と審査員が思ってくれるかどうか。結局のところ審査員も人間です。心を動かすのは真剣に取り組む姿勢や気持ちだと思うのです。

先生のアドバイスのおかげも大きく、「TAKAMATSU-JAM4.5 プロジェクト」は無事採択されました。

その知らせを聞いた時には本当に嬉しかったです。その額、なんと約 9,000 万円！この事業再構築補助金の交付が決まったおかげで、ほぼ全部のリノベーション工事を終えることができました。（補助金として支給されるのは 9,000 万円の 2/3、6,000 万円です。）

これから補助金に挑戦しようとお考えのみなさん、もし第一回目で落ちても、第二回目に再挑戦できます。補助金情報をチェックし、素早く動いてみてください。

私たちの事例が、今後補助金を申請される方の参考になれば幸いです。

高額補助金事業の時は金融機関との連携もアリ！（TAKAMATSU-JAM 4.5 プロジェクトでのお金の動き）

金融機関に協力を仰ぎ → 申請が採択される → 金融機関からの → 事業に着手 → 事業完了
融資計画書も一緒に提出 　　　　　　　　　 つなぎ融資

補助金事業として採択されていることで ┐
金融機関も融資がしやすいのです。 　　　┘→ 銀行に返済 ← 事業費の 2/3 が ← 事業費を精算
　　　　　　　　　　　　　　　　　　　　　　　　　補助金として支給 　報告書提出

自慢の実行力の源泉。

閃いたら実行！瞬発力と行動力。そして忍耐力。
これからもひだまり不動産らしくやりぬいていきます。

儲かると直感すれば即実行

私に何か才能があるとしたら、これは儲かる！が、ちょっとだけ
見えます。(笑)リノベーションもかき氷も、流行る前に手掛けま
した。果敢にチャレンジした者に与えられるのが先行者利益です。
　誰にも相談していません。というか誰も相談する人が居ません
でした。それが良かったのかも？

男性社会の盲点を突く

不動産とも建築業とも全く関係ない業界からこの世界に参入し
ました。無茶苦茶です。不動産業のハードルは高い！でも、古い
業界ほど隙間はあると感じました。
　建築業もしかり、まず男性社会だということで、女性目線があ
りません。なのに、家を借りる＆購入する決定権はほぼ女性。本
来はもっと女性が活躍すべき場だと感じます。

得意技を２つ以上持つことを意識する

それも、全く違う得意技の方が後々生きるのです。
　例えば、アパレルやデザインをやっていた人が、建築業界（リ
ノベーション）に入ってきたら太刀打ちできないんじゃないかと
思っています。合わせ技の可能性は大きいと思うのです。

好きな時に好きなところへ行ける

まずは時間の自由を手に入れること。次に経済的自由を手に入
れることをめざしてほしいと思います。
　経験からですが、夫婦、家族で１つの目標に向かって突き進む
ことからま学ぶこと、手に入れられるものがあると感じます。

家族の笑顔のためだってことを忘れない

**個人的なアドバイスかもしれませんが
私が大家を始めたのも、不動産会社を立ち上げたのも
『夫や娘の笑顔』のためだったのだと改めて感じます。**

いや、ほんまはひろさんに、わたしを笑顔にして欲しかったかも…。
というのはさておき、言ってみれば、身近な家族を笑顔にできないのに、人を喜ばせる商売なんてできないんじゃないかと思ったりもします。

▶▶▶ 「送りたい人生」はやる気と諦めない心でつかむ

「こんな人生を送りたい」と強く思って行動しないと、絶対にそこにはたどり着けません。

30代の自分を振り返ると「納得のいく仕事が足りない」と感じていました。ひろさん（夫）ともそこそこ仲が良い、子どもたちも元気で素直に育ってる、これ以上求めたらバチが当たるんじゃないかと思ったこともありました。

それでも、やる気と諦めない心でチャレンジしてきたおかげで、今の暮らしがあります。何の才能もないけど、「送りたかった人生」にたどり着けるという見本です。

▶▶▶ あたりまえだけど、笑顔には笑顔が集まってくる

何も無かった1つの通りに、個性ある店が1つ、2つ、3つと増えていくことで、ストリートが生まれます。小さな商いが集まってコミュニティーが生まれます。笑顔のあるコミュニティーには笑顔が集まり、その輪は膨らんでいき、街並みにまで影響を及ぼします。そんな事例を偶然にもいくつか実現してきました。

まずは、一番身近に居る人を笑顔にする事で、街並みまで変えられる！？ってことかもね。

**"何のために頑張っているのか" "どんな暮らしがしたいのか"
について、時々振り返る必要があるんじゃないかと思います。**

こぼれ話…

娘たちが笑ってくれてるだけで生きてる意味を感じられます。大人になって、それぞれの家庭を築いてからなおさらそう感じます。一年に一度か二度、娘二人と洋服屋に行きます。好きなだけ服を買っていい日です。うちの娘を笑顔にするのは、意外と簡単。びっくりするほど、遠慮せず買います。ほんまに。
あのアパレルの店で噂になってると面白いな。一年に一度か二度、女3人できて、びっくりする位服を買っていく家族がいる。
こう書くと、わたし、まるでパトロンのおっちゃんやん！

本書をお読みいただき、ありがとうございました。

おかげ様で、「ひだまり不動産」は、創業17年目を迎えました。
創業の地である、平凡な築古アパート「ひだまりアパートメント」は、1階に人気カフェがオープンしたのをきっかけに次々とテナントが増えました。

そのうちの1店舗、ひだまり不動産直営の『HIDAMARI KAKI-GORI STAND』は、ひと夏で10,000杯以上を売り上げる、夏には欠かせない店に成長しました。今では物件のある観光町一帯が人気スポットになっています。

おしゃれなリノベ物件がテナントを呼び、テナントが人を呼び、そこににぎわいが生まれ、さらにテナントが増え、その地域一帯が活性化していく・・・。テナントの持つパワー、プラスの相乗効果は素晴らしいものです。

この17年間で、居住用のみならず多くのテナントプロデュースを経験し、「繁盛店請負不動産屋」と異名をいただくまでになりました。

そこで、6作目の著作となる本書では、これまでの「リノベーション」を中心とした内容からもう一歩進んで、「リノベーション＋テナントリーシング」、「テナントによる地域活性化」、「一棟リノベーション」、さらには必要な資金を補う「補助金や助成金の活用」などについてご紹介いたしました。

ここまで、ご縁や運にも恵まれ、仕事の幅や規模も拡大してきました。
しかし今後も事業拡大をもっともっと！としていきたいかというと、そうではありません。

私の年齢もありますが、ひだまり不動産は元々が小さなファミリービジネス。不動産で家族みんなが幸せになることが目標です。子どもたちもそれぞれ家庭を持ち、事業規模の面では、もうこのくらいで十分だと感じています。

今までも毎日楽しんで仕事をしてきましたが、これからはもっと、自分にしかできない「面白さ」を重視した仕事を選んでいきたいと思っています。
また、自社の利益追求だけではなく社会的に意義があり、人に役立つことに目を向けていきたいとも考えています。

今、頭の中にあるのは、瀬戸内の「島」物件のリノベーションです。
大掛かりな工事は TAKAMATSU-JAM4.5 で終わり…と思っていたハズだったのに…。
ワクワクと妄想がとまりません。

本書内でもご紹介しましたが、瀬戸内では若い移住者が増えています。
国際的に有名な瀬戸内国際芸術祭や、高松港の整備による大型観光船の誘致など、インバウンド需要の大幅増も見込まれています。
瀬戸内の島には可能性しか感じられません！

実はこの本を人生の集大成（最後の本）として創っていましたが、、、
また新しいことをはじめるので、なんだかもう一冊書きたくなってしまいました（笑）。
（この想いが続くかどうか、、、数年後を乞うご期待！）

本書の執筆にあたって、自然と過去を振り返る事となりました。
私の起業したい気持ちが強く、我が家は全員避けようのない「家庭内巻き込まれ事故」にあったのだと・・・改めて気が付きました。

私の起業を一緒に楽しみ、助けてくれた夫のひろさん、娘の綾乃と亜紀、取締役ネコのマイケルスコフィールド。工事部門を支えてくれている西岡さん、西尾さん、各々職人さん、本当にありがとう！
多くの方々に支えていただきいまの私があるのだと思います。

最後に、この場をお借りしてこの本づくりに関わってくれた皆様に
御礼をお伝えしたいと思います。

対談に快く応じてくださった BE - FUN DESIGN の新藤強さん。
またおもろいことどんどんやりましょうね。
本の装丁やブックデザインを完璧に仕上げてくれたグラフィックデザイナーのよしおかりつこさん。きついスケジュールの中ありがとうございました。
本書出版の機会をいただきました、夢パブリッシングの大熊賢太郎編集長。もうかれこれ 15 年の付き合いになるんやねー。
版元のごま書房新社の池田雅行社長、ライターの河西麻衣さんにもお礼申し上げます。

本書をお読みになり、リノベーション、不動産活用、店舗経営、相続案件、不動産投資など、なにか不動産で面白いことをやりたいと思われた方は、ぜひお気軽にご相談ください。

本書が、皆様の不動産活用、そして地域の活性化や街づくりにつながる一助になれば、これ以上の喜びはありません。

2023 年 1 月吉日　高松から東京への新幹線の中で。

内海芳美

Special Thanks　本書の制作にご協力いただいたみなさま

TAKAMATSU-JAM4.5　1 階

choux 小屋

包トラトラ

きまぐれちーず

喫茶ヒツジ

TAKAMATSU-JAM4.5　2 階

コノメハルタツ

パレード

1 つだけ美術館

CANDYHOUSE

lētta

kamome.Shop&Atelier

HIDAMARI KAKI-GORI STAND

SETOUCHI HIDAMARI KAKI-GORI 鷺沼店

Boulangerie Esto

White Room

SUNNY DAY HOSTEL

CO-WARKING SPACE gain-Y

DARUMA

Le Temps Des Cerises

aoi door

THE BANK

アトリエリード

ＳＯＵリード

TTR 設計

Hair ＆ Make Billow

観光町皆川整体院

川東菓子店

各店舗の詳細は「目次」より
紹介ページをご覧ください。

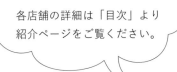

著者 内海芳美の活動紹介！
（うっちゃん）

（ひだまり不動産 リノベーション事業）

ホームページ・SNS

・ひだまり不動産HP

https://
www.hidamari.bz/

店舗／賃貸リノベ実績、事業サポート例
かき氷店例、街づくり例、うっちゃんblog

ホームページ
スマホはこちら

・**Instagram**
【hidamari_fudosan】
＊リノベーション進捗、
うっちゃんの日々の活動など

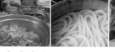

●「全国・人口40万都市」なら大丈夫！

あなたの叶えたい夢、欲しかった生き方をひだまり不動産がリノベーションでカタチにします。特に私の住む高松のような「人口40万都市」なら再生の可能は大きく上がります。空間づくりはもちろん、事業アイデアなどの企画・プロデュースにはじまり、事業の持続可能な仕組みづくり、補助金の活用や各種申請業務まで、リノベーションで問題を解決し、未来への夢を叶えます。見捨てられたような、国や県などの大き目の建物の再生、用途変更などもお気軽にご相談ください。

ひだまり不動産（内海芳美）へのお問合せ
※本を読んだ
とお伝えください

株式会社ひだまり不動産 　香川県高松市観光町536番地
お問合せ：**https://hidamari.bz/contact/**

※地域や希望内容、ひだまり不動産の理念をもとにご対応させていただきます。
全てのご相談をお受けできるわけではありませんがご理解ください。

＊著者 profile

内海 芳美（うちみ よしみ）

香川県生まれ。不動産大好き主婦。
(株)ひだまり不動産取締役、空き家リノベーター。
結婚時に住んでいた一戸建てを賃貸に出したことから、不動産業に開眼。戸建て、アパート、マンション、テナント、ビルなどの購入・売却を繰り返し、現在は約150室を運営中。また、著書出版を機に、テレビや雑誌等に多数出演したことで、セミナー・講演依頼が殺到。当時稀な、女性大家さんとして業界で話題の人となる。
2006年、「株式会社ひだまり不動産」を設立。2014年、神奈川にも事務所を開設。斬新な中古物件のリノベーションを次々に手掛け、女性起業家としても注目される。これまでに団地1棟から戸建てまで約400室のリノベーション実績。現在、アフターコロナの不動産ビジネスに先手を打つプロジェクトを複数進行中。
著書に『家賃収入が月収を超える！』（ソフトバンククリエイティブ）、「リノベーション投資のヒミツ」（アスペクト）、『これから"おカネ"を生みだす不動産って？』（ごま書房新社）ほか累計6作。

●ひだまり不動産ホームページ　www.hidamari.bz
●ブログ【リノベなうっちゃん】　w-hidamari-2seesaa.net
●インスタグラム　@hidamari_fudosan

ひとが集まる！テナントリノベ

著　者	内海 芳美
発行者	池田 雅行
発行所	株式会社 ごま書房新社
	〒102-0072
	東京都千代田区飯田橋3-4-6
	新都心ビル4階
	TEL 03-6910-0481（代）
	FAX 03-6910-0482
企画・制作	大熊 賢太郎（夢パブリッシング）
編集協力	河西 麻衣
装丁・ブックデザイン	よしおか りつこ
DTP	海谷 千加子
印刷・製本	精文堂印刷株式会社

～空室、空きビル、空き団地を活かした「再生不動産投資術」～

これから"おカネ"を生みだす不動産って?

ひだまり不動産取締役
主婦大家さん　**内海芳美**　著

大好評!
話題の本

【うっちゃんの不動産投資、リノベーションノウハウを公開!】
四国の主婦うっちゃんが、サラリーマン投資家、大家さん、不動産屋さんを経て、20年以上不動産とお付き合いした結果たどりついた答えをお話しします。
1章　うっちゃんの満室経営術 ～投資家うっちゃん時代～
2章　うっちゃん流リノベ投資 ～ひだまり不動産起業から、リノベ塾へ～
3章　これからの不動産事業はこれ!
　　　みんながうれしい物件再生事業・店舗開業プロデュース

定価1595円(税込)　四六版　180頁　ISBN978-4-341-08627-5　C0034